「非正規労働」を考える

戦後労働史の視角から

Kazuo Koike
小池和男 著

名古屋大学出版会

はしがき

なぜこの本を書いたか。それも文字通り老い先短い身があえて書いた理由は、当今の非正規労働の議論への懸念である。あまりに市場での競争力――ひとびとの雇用とくらしを支える力を無視しているのではないか、との心配にある。

非正規労働のふつうの議論は、ほぼ似た仕事をしているのに、安い賃金の非正規が急増している。不当な格差だ、との主張であろう。そうした状況が生まれたのも、グローバルな競争とやらで、競争が激しくなり「終身雇用」つまり「新卒正社員採用」の途がくずれたから、という議論のようだ。議論だけではない。大量なアンケート調査による数量分析がぞくぞくとだされている。

だが、もし、うえの議論が妥当だとしたら、理解不可能なことがつぎつぎとおこるはずになる。

なによりもまず、世から正規労働者はすべて消えてしまうだろう。同じ仕事を、よりやすくこなす非正規労働者が充分いるならば、正規労働者をおもに雇用する企業は、非正規のみを雇用する企業に市場でやぶれ、消え去るほかあるまい。ところが、事実はまったく正反対で、正規労働者をおもに雇用する企業がなお蟠踞している。

さきの通念は、非正規労働の存在は、市場競争の不徹底によるかのように主張する。だが、非正規のかなりの存在は、日本だけではない。市場競争が「確立」しているとみられる先行国でも、わたくしの見聞したかぎり、多くの職場で、非正規はすくなからず存在する。

のみならず専門職など高度に知的とされる職業にも、事実上の非正規がかなり存在する。いや今後の経済のかぎを握るといわれる、一流の知的分野ではどこでも、最初から長期、安定的な雇用になるわけはない。二、三年、おそくとも六、七年までに、しかるべき地位までの昇格をはたさなくては、解雇となる。そこにきびしい人材選別過程がある。

つまり非正規労働は、それなりに経済合理性があり、もちろん弊害もあるのだけれど、市場競争がつづくかぎり、どの国にも存在している。

したがって、日本である時期に「終身雇用」とやらが崩れ、非正規が生じた、などという簡単なことではない。敗戦後にかぎっても、一九五〇年代六〇年代、日本を代表する重工業、鉄鋼や造船の大企業では、毎日職場に出勤するブルーカラーの半数は非正規であった。日本を代表した八幡製鉄（いまの新日鉄住金）、日本鋼管（いまのＪＦＥ）、石川島造船所（いまの石川島播磨）など資料のあるところ、すべてそうであった。

現今の議論がその経済合理性をみのがす理由はなにか。それは、非正規も正規と同じ仕事、似た仕事をしている、というごくふつうの想定にあろう。その想定を立ち入って吟味したい。仕事をできるかぎりきちんと分析して、その技能を明らかにする。そうすれば、経済合理性の内容と限界がみえてくるだろう。競争力にもっとも寄与する、正規労働者の、ベテランはもちろん中堅層の技能は、非正規雇用ではなかなか形成されない。つまり、仕事と技能の分析こそが枢要となろう。その解明をおよばずながら、この本はこころざした。

いうまでもなく、非正規労働には弊害もある。だからといって、非正規労働をなくせば、それですむ、というものではない。そこに経済合理性がある分、競争力を失い、苦しい失業が増えすぎるだろう。合理性を活かしつつ、弊害をすくなくする、そうした方策をさぐるほかあるまい。では、どうしたらよいか。それは本文をお読みいただきたい。老人の知恵をしぼって考えた結果である。

この本も多くの方のお蔭を蒙っている。とりわけ専修大学経済学部教授宮本光晴氏は、草稿をていねいに読んでくださった。たくさんの貴重なコメント、また誤りの指摘もいただいた。本当にありがたかった。心からお礼申しあげたい。

さらに、いつものように、法政大学経済学部名誉教授萩原進氏主宰の研究会で、その主な部分を報告し、ありがたいコメントをうけた。そのメンバーの方々にあつくお礼申しあげる。いまは体力を失い、その研究会に参加できなくなったのは、残念というほかない。つまり、この本の元の草稿は、その研究会に参加できたころ、数年前に構想され書かれた。

名古屋大学出版会、橘宗吾氏は、元原稿をじつに綿密に読み、言葉のはしはしまで、こまかくチェックしてくださった。かつて働き盛りの時期に一二年もつとめた大学の出版会から、この老人の本を出していただくのは、まことにありがたい。篤くお礼する。

二〇一六年初春

小池和男

目次

序章　非正規労働を考えるために
――他国も専門職もみる――

1　問題と方法

「標準コース――新卒入社そのまま勤続」のあやしさ

戦後労働史の一環として、いわゆる正規、非正規労働者の問題をとりあげる。というのは、最近よくみられる見解、それもていねいな研究文献にも、しごく当然のこととして前提されている思い込みがある。その思い込みが、この問題の実態への接近をむしろ阻んでいるのではないか、と危惧するからである。その思い込みとはなにか。

日本は学校新卒を他国にくらべ上手に企業の採用へとつないだ。職安の働きによる。その結果、新卒がそのままその企業に長く勤続する「標準コース」ができあがった。それが戦後なのだ、という思い込みである。(1)

その思い込みはさらにつづく。この「標準コース」は、いわゆる経済のグローバル化など競争の激化でくずれざるをえず、より低賃金をもとめて非正規労働者が一九九〇年ほどから急増しつつある。その非正規労働者の能力開発の機会はとぼしい。それでは職場の中堅層の人材の形成があやしく、その人材にたよる日本経済の競争力はあぶなくなる。なんとか対処しなくては、非正規へも能力開発の機会を充分に用意しなくては、と思い込みはつづく。

だが、いわゆる標準コース——新卒がそのまま企業に長く勤めるという傾向は、はたして日本企業に働く人のうち、どれほどをしめていたのであろうか。こまかい実証は別として、大まかにいえば、ごく多くみつもっても六分の一以下であろう。大企業中心で、その大企業でもほとんどの年で半数に達しなかった（小池［二〇〇五］三一—三三頁。もとは各年の「雇用動向調査」）。大企業の雇用割合を全体の雇用の三分の一とみれば、そして中小企業の採用のほとんどが新卒でない以上（新卒で入ってもすぐにやめて他企業に移動する）、ざっと六分の一以下にすぎないであろう。

もちろん景気の動向、そのときどきの状況で変動はしよう。景気がよくなるほど離職者は増加するから、ますます少数になる。そうじて、いつの時期でもいわゆる「標準コース」がごく少数であることは動かしがたい。

では日本に長期勤続傾向は存在しないのかといえば、もちろんある。それは新卒者が最初の企業にそのまま勤めつづけるからではない。わかいときは移動し、数年、あるいは中小企業では一〇年ほどもいろいろ勤め先を変え、その後ある企業におちつき勤め続ける、ということなのだ。

さらに、このような長期勤続ならば、西欧やアメリカにも多くみられる。ただし、この点の実証はここではおこなわない。というのは、それだけで一冊の大きな本を要するからだ。わかいときいろいろ移動するなかで、いわゆる非正規労働者であったこともすくなくない。それも一九九〇年代をまたず、少なくとも敗戦後かなりはやい時期からみられる。いやもっと早い時期からみとめられる。

つまり、わたくしのみるところ、非正規労働者の存在、あるいは正規労働者との併存は、市場経済を前提するかぎり、存外に合理的な根拠がある。ここで合理的とは、ふつう当然のことと強調される低コスト機能あるいは低賃金利用機能ではない。それよりもはるかに経済の面での競争力に積極的に寄与する機能である。それに非正規労働者個人にとっても仕事情報の面でのプラスもある。その点はのちに説明しよう。

もちろん弊害もある。だからといって、弊害のみを非難攻撃しても、なかなかなくならない。世に弊害のない制度はまずない。その合理的な機能を充分生かしながら弊害を小さくする、という方向で対処するほかあるまい。

そうした合理性があるがゆえに、敗戦後ずっと、極度の労働力不足期というごく一時期をのぞき、非正規労働者はかなりの割合で存在してきた。資料のあるていど確かな一九五〇年代という昔の時期も、またアメリカ、西欧という他の先行国にも、非正規と正規が併存しているのである。もっとも、その現れ方は国により、またブルーカラーやホワイトカラー、産業によりさまざまだが。

非正規、正規併存の合理性

ではその合理的な機能とはどのようなものか。ふつうは雇用調整の機能、そして低賃金活用すなわち低コストの機能と考えてきた。だが、もしそれが実際に中核の機能であるならば、市場経済のもとでは全員が非正規労働者となってしまい、正規労働者はきえてしまうだろう。なぜか。ほとんど自明とおもわれるのに、おかしなことにそうした発想はみられず、あえて説明しておく。

非正規労働者は低賃金で解雇もしやすく、それでいて仕事も正規なみにきちんとできる、という暗黙の前提がそこにはある。それならば、なにも解雇にコストのかかる賃金の高い正規労働者などを採用する必要はまったくない。理由は簡明である。もしうえの前提のもとで、ふたつの企業が競争するとしよう。一方は非正規労働者だけ、他方は正規労働者だけを雇う。この二社が競争したら、その他の条件がおなじならば、どちらが市場で勝つか、説明するまでもあるまい。低賃金の非正規労働者だけを雇う企業が勝ちのこる。正規労働者のみを雇用する企業は破産し消えてしまうはずである。にもかかわらず、実際に正規労働者がなお存在しつづけているならば、それなりの競争力上優位となる根拠があるはずだ。

非正規雇用の合理的な機能の第一は、人材を見分ける働きである。ただし、ここに重要な点がある。人材一般ではなく、やや高度な技能を修得し発揮する人材、その形成の素材である。そうした技能が競争力にきわめて肝要だ、と考える。その人材形成にはかなりの期間を要する。その間やめて他社に移らないよう、正規労働者として雇用をやや確保する。雇用保障というほどではないが、容易には解雇しない慣行を用意する。そうした人材形成の素材を見分ける機能となる。人材選別機能といってもよい。

人材選別機能

人材選別機能はあくまでその前提に、あるレベルの技能が競争力にきわめて重要だ、という想定がある。技能の重要性の強調がある。その技能の内実は肝要であるために、その説明はどうしてもながくなり、かなりあとで例示しよう。さしあたり、よい人材ないしその素材とよんでおく。

よい人材、またその素材をみわけるのは、職場でその仕事ぶりをみるのが一番である。それも一、二週間などという短い期間、つまりいまのインターンなみの期間では、お客様あつかいでおわり、あまり役に立つまい。つまり、まず将来働くであろう職場で、たとえ下働きの仕事でもよいから、職場に入って働く。それも半年、一年以上という短くない期間をかける。

そうすれば、自分は簡単なくりかえし作業についていても、その職場の肝心の仕事をしている人の働き、その重要さが多少ともみえてくる。その要の人がやすめば機械が止まりがちになる、止まると直すのに時間がはるかにかかる、などがわかる。こうした初期の一年なりは非正規となる。ときに選抜されて正規労働者となる。二、三年以内に選抜されなければ、やめて他社に応募する。しばしば正規になりやすい中小企業に移動する。

経済学でも、かのノーベル賞受賞者ウィリアムソンの理論にしたがうまでもなく、「質」にかかわる事柄を見分けるには、くりかえしの取引が肝要となる。それをそのまま具体化したにすぎない。

これを学校経由の採用とくらべてみる。その利点は歴然としよう。まず学校経由の採用は、企業による採用候補者の観察期間があまりに短い。面接や採用試験ではせいぜいのべ数時間、ながくても数日にとどまろう。とうてい非正規労働者の比ではない。しかも面接やペーパーテストの内容は、かならずしも将来配置される職場の仕事と直接の関連はない。

なによりも、採用される側の、企業や仕事の情報がたりない。応募者側の、とりわけ職場の仕事についての情報はまったく不足する。企業全体やあるいは一部の仕事については先輩から多少は聞いていても、どの職場に配属されるかはわからない。これでは、かりに採用されても、職場の仕事の面白味がわからず、とくに好況期には他に職があり、離職がすくなからず生じるのも当然であろう。いわゆるミスマッチである。

これにたいし、非正規労働者は将来働くかもしれない職場で半年なり一年と働く。仕事の情報が格段に多い。それを知ったうえで正規労働者への昇格に応募する。非正規労働者個人にとってもプラスとなり、ミスマッチを少なくする。人材選別機能という言い方では、もっぱら企業やマクロ経済での合理性のみを強調するかに聞こえる。だが、働く人の職業選択にも多大の情報をもたらすのである。

かつてわたくしが一九七〇年代名古屋大学に勤めていたとき、とくに労働力不足の七〇年代前半期、当時すでに日本有数の大企業とされたあのトヨタから、続々と辞めていくわかものを見たものだ。生産職場では三年で半数はやめていく、といわれていた。なにもトヨタにかぎらず、景気のよい時ほど離職するのは、洋の東西をとわない。そうしたことを学校経由での就職を称賛する人たちは見ないのであろうか。なお、企業別の離職率統計はまず外部では利用できない。政府統計は産業や規模別となる。企業から回答をもらうために、企業のプライバシイをまもらなくてはならない。

以上は職場の中堅層に焦点をおいた説明である。とりわけ日本では、それが肝要であろう。職場の中堅層の人材が日本経済の競争力に大きく貢献している、と考えるからである。

付：エリートたちの採用

職場の中堅層方式が日本のすべてと見ては危ない、というありうべき誤解をさけるために、本筋からはなれて、いわゆるエリートたちのばあいも一瞥しておく。エリートたちの採用は、日本でも話がだいぶ異なる。なるべく具体的に描いていく。霞が関すなわち中央官庁の上級職や日銀など、あるいは拡げて都銀大手や大商社などは、社会のなかの選りすぐりのエリートの素材を欲する。そうした素材は入口が非正規職では、そもそも応募してくれない。他社にすぐにとられてしまう。ここで選りすぐりのエリートの素材とは、最高の学校歴、プラス頑健性すなわち体力、またできたらリーダーシップの片鱗を示唆する経歴の持ち主である。

さしつかえないやや昔の例をあげれば、トヨタの名誉会長（元会長、社長）、張富士夫である。もっともこれは典型とはいいにくい。張氏自身は文句なしに典型でも、採用する方が当時はまだ典型とはいえなかった。トヨタが張氏を採用するとき、トヨタはまだ日本のエリートを採用する銘柄企業とはみなされていなかったようだ。

張氏自身はまことに立派な事例となる。かれは旧大藩、佐賀藩の藩儒の家出身で東京大学法学部卒である。同時に、いやより肝要なのは東大剣道部主将であった、ということだ。トヨタに就職したのは、たまたま東大剣道部の合宿にトヨタの施設を借りた縁という。それでトヨタは熱心に口説いたのであろう。

霞が関であれば、東京大学の成績上位層をねらうであろう。それは京都大学や東京大学に勤務したわたくしの経験からも、その事情は理解しやすい。これら両大学の学部上位三分の一層はまことによくできて、将来なにをやっても伸びるだろうと感じた。他方、中位や下位はやや確率が異なると感じた。これはわたくしの感触にすぎないが、霞が関の銘柄官庁は上位三分の一層のなかで、さらに運動部経験、できればそのキャプテン経験者をねらうのではないだろうか。

こうしたひとたちは、いったん就職市場にでれば、まことに引く手あまたで、一流各社はその人をのがしたら、採用担当課長の評価にひびく、といわんばかりの膝詰談判となる。そうしたことは名古屋大学在勤中にも経験した。セミナーという濃密なクラス、せいぜい一学年一〇名たらず、週三、四時間、二年間通して受け持つクラスである。いうまでもなく講義形式ではなく、参加者が時間をかけて調べてきたことを発表し議論する。そこでみていると、各社が懸命にとりあう人材は、見る目のとぼしいわたくしですら、前もって充分見当がついた。

もちろん、そういう人たちを採用するのに、非正規職ではまったく無理である。最初から将来のキャリアを用意する。といえばいいすぎで、キャリアの可能性が大きいコースを用意するのである。

そのかわり、こうしたエリートたちは、エリート内部での激しい競争にさらされ、その一部はキャリアが高位にのびていくにしたがい、多くは定年前にその組織を去っていくのである。定年までは在勤しにくい雰囲気があり、四〇歳代（いまなら五〇歳代か）で少なからずが関連ないし非関連の他社に移っていく。入社後早々の離職はないけれど、去らざるをえない時期が早い。職場の中堅層方式との違いのひとつは、早く去るか遅く去るかとなろうか。

雇用調整機能

エリートの話はこれで打ちとめとする。そのくわしい展開は別の機会をまちたい。ここでは、もっぱら職場の中堅層に焦点をおく。それとともに働く非正規労働者層には、いうまでもなく他の機能もある。ただし、それはふつうの通念に近い。すなわち解雇しやすいひとたちという雇用調整機能と、人材形成の必要度の低い仕事を担当する機能である。ほかに、低賃金低コストの機能こそ、といわれるかもしれない。だが、それはいわば思い込みにすぎない。同じ仕事をより低い賃金でこなせる、という前提が欠かせない。この点は担当する仕事に立ち入って観察しないとあやしい。のちにこまかくみていく（第3、4、5章参照）。

とくに、日本はいわゆる正社員の「終身雇用」のゆえに、この非正規の雇用調整機能が格段に大きい、という見方がむしろ通念であろう。だが、市場経済を前提にするかぎり、雇用調整がどの国にも必須なのはいうまでもない。景気には波がある。のみならず、景気のいかんにかかわらず激しい企業間競争がある。競争とは勝つ企業もあれば、負ける企業もある。どの国にもいつの時期にもある。負けつつある企業は売れ残りがふえつづけ、赤字がたまる。業務を多かれ少なかれ縮小しなければ、ますます赤字が大きくなり、ついには倒産の憂き目にあいかねない。倒産とは全員解雇を意味し、それをふせぐには、その前に一部の人員を解雇せざるをえない。どの国でも市場経済であれば、それはさけがたい。

そのたびにはげしい労使紛争になっては、コストがかかりすぎ、倒産しなくてもすむはずの企業も倒産してしまう。戦後日本から著名な例をあげれば、尼崎製鋼となろうか。千人以上の大企業が解雇反対のはげしい闘争で倒産し、全員解雇となった。そうならないためには、解雇のコストを少なくしておきたい。つまり、だれが解雇という貧乏くじをひくか、できたらまえもってきめておきたい。そのひとつの手段が非正規労働者の存在である。

とはいえ、よく誤解されやすいので、念のため一言しておく。正規労働者の雇用調整は、日本の裁判所や多くの学者たちが想定するほどむずかしいものではまったくない。西欧や米のホワイトカラーなみにすぎない。つまり「希望退職」という名の解雇をおこなうのである。「希望退職」とは指名解雇でない、というだけにすぎない。会社都合解雇そのものである。退職手当や企業年金に割増しをつけ退職者を募集するという形をとるのだが、もちろん、肩たたきがあり、実際には指名解雇とあまりかわらない。ただ割増しがつき、手続きに時間がかかるというにすぎない。その事象が他国にも広く存在する点は、ここでは説明しない。それにあたる英語の存在をしめすにとどめる。希望退職とはアメリカではvoluntary separation、イギリスではvoluntary redundancy (redundancyとはイギリスの労働用語ではまさしく会社都合解雇のことであって、voluntaryとはふつう「自発的」の意味だから、形容矛盾以外のなにものでもない)、また「肩たたき」はpatting-on-the-shoulderなどという。日本の慣行の英訳ではなく、アメリカ、イギリスの地元企業の言葉であり慣行である。

米装置産業のプール labor pool

雇用調整機能をとくに受けもつ層の存在は、なにも日本特有ではない。多少とも他国の例をあげておく。くわしくはのちの章であつかうが、その一例だけでもここでふれておく。アメリカのブルーカラーで労働組合があれば、鉄鋼や化学、石油などの広義の装置産業では、「プール pool」とよぶ存在がある。下位の労働者群である。

米鉄鋼大手の例をとれば、職長未満の組合員のブルーカラーは（アメリカでは職長は非組合員）、三〇余ほどの本給ランクがある。それぞれ賃率は一本にきまっている。うち下の三ないし四ランク（三か四かは企業や事業所による）は「プール」とよばれる。プールとはふつう共同利用のたまり場という意味がある。プールは大きな製鉄所の製銑、製鋼、圧延など部門ごとにほぼひとつかふたつある。うえに数十の職場がある。それぞれの職場は一直一〇—二〇人ほどからなる。通常三直四交代、つまり一職場あたり四組である。いいかえれば、おなじ仕事に四人の労働者がいる。そうした構造をおさえておかないと、その雇用調整機能がわからない。

いまある職場の鉄鋼製品、たとえばある種の厚板の需要が二五％減少したとする。一〇％ていどの減少なら、労働時間の調整で対応できる。残業をなくしたり、短時間作業となる。だが、減少がもっと大きくなると、そうはいかない。人員を削減する。かりに二五％需要が減少したとしよう。そのとき、その厚板の圧延職場の人が二五％解雇されるわけではない。厚板圧延職場の人員は二五％削られる。だが、解雇されるとはかぎらない。というのは、その削減の仕方が基本的には勤続の短い順となり、プールの人がまず解雇されるからである。

具体的に説明しよう。職場の最上位の仕事についている人が、三直四交代ゆえ四組とすれば、四人いることになる。その四人のなかでもっとも勤続の短い人が、その職場の一段下の仕事に移動する。そこからは勤続の短い二人がその下に移動する。こうしてだんだんと押し出され、厚板圧延職場で下位の人はかなり削られる。ただし、解雇されずにプールにもどる。そして、そのプールのなかで、もっとも勤続の短い人から解雇される。つまり、プールはその上にあるどの職場の人員削減もひきうけるのだ。まさに雇用調整機能のにない手である。

どの仕事がプールかは、労働組合があれば事業所ごとの労働協約に明記される。つまり、だれが解雇の貧乏くじをひくか、その分野が日本の非正規とおなじように、明示されている。もちろん、業務の縮小がもっと大きいばあいは、プールの解雇だけではおわらない。その上のそれぞれの職場にもおよぶ。その点は日本の正規労働者とかわらない。正規労働者も企業の赤字が二年つづくと、労働組合がある上場企業でも解雇がある。[2] そうした点ではかわりない。

おそらく最大の違いは、日本の正規労働者なら、ほぼ中高年を対象とした「希望退職」という名の会社都合解雇であるのにたいし、アメリカのブルーカラーは、組合があれば（ないばあいでもかなり）勤続の逆順で、わかい層にしわよせする、という点であろう。だが、日本の方式はなにも日本特殊ではない。統計はないが、わたくしの知るかぎり、アメリカや西欧企業のホワイトカラーは、やはり中高年に焦点をおいた「希望退職」という名の会社都合解雇方式をとる。

西欧やアメリカならホワイトカラー中心のこの方式を、日本はホワイトカラーにとどまらず、ブルーカラーの正規労働者にも適用している。それをわたくしは「ブルーカラーのホワイトカラー化」とよんだ（小池［一九八二］、Koike［1988］）。そして西欧やアメリカでも、しだいにこうした「希望退職」がブルーカラーにも適用されはじめているようだ。「ブルーカラーのホワイトカラー化」は、日本にだいぶ遅れながらすこしずつ広まりつつあるようだ。

低技能分野のにない手

非正規労働者制の第三の機能、人材選別機能と雇用調節機能につづく機能は、不熟練労働それも技能向上の見込みのとぼしい仕事の担当である。これは通念にそっている。そして、さきにみたアメリカのプールと共通する。アメリカの装置産業のプールは、もっとも必要技能が低い仕事の担当者なのだ。アメリカのプールであれば、原材料の運搬、梱包などである。日本でも運搬や梱包となる。

ただアメリカのプールはうえの職場で空席があれば、昇格していくおもな候補なのである。そこが、そのタイプの日本の非正規労働者と異なる。とはいえ、日本の非正規労働者も、最初は技能を要しない仕事からはじめても、関連する分野があり、そこではやや高い技能を必要とするばあいは正規労働者への昇格の見通しもあり、キャリアをのぼって将来の途がのびていく。そのばあいはアメリカの装置産業のプールとかわらない。

なお、アメリカのプールが日本と異なる点がさらにある。それは人材の選別機能がほとんどない、という点である。というのは、労働組合があるばあいにかぎるが、うえの職場への昇格が実際上入社年月日順で、選抜が存在しないからである。ただし、労働組合がないばあいは、日本とおなじく人材選別機能が多少とも働くかとおもわれるが、その点に立ち入って吟味した調査研究を寡聞にして知らない。とはいえ、アメリカでは周知のように、いまや労働組合組織率がどんどんさがってきた。その意味では、やや日本の非正規労働者との類似度がつよまってきた、とみて大過あるまい。

低コスト機能の否定については、あまりふれなくともよかろう。正規とほぼ同様な仕事をこなすという前提がないと、この機能は成り立たない。もしこの前提が妥当なら、正規労働者が存続することは、市場メカニズムがはたらくかぎり、長期にはありえない。その点はすでにのべた。

2 構成——他国もみる

一九五〇年代の造船業から

うえでみたように、いわゆる非正規労働者存在の三つの根拠は、なかなかの合理性がある。とりわけ肝要なのは第一の機能、すなわち人材選別の機能である。その効率への影響、弊害をさぐるには、どうしても仕事の分析が欠かせない。やや高度な仕事をになう人材、その素材を見分けるに適しているかどうか。また、応募者側が仕事のことを少しは知って正社員職に応募するのかどうか。それが肝心なのだ。

そうであれば、その仕事の内容、必要な技能をみないわけにはいかない。また雇用調整機能にしても、技能の高い層から削減するか、低い層から削減するかで、そのコストが変わってくるだろう。これまた、こなす仕事を観察しないわけにはいかない。第三の機能、必要技能が低く将来の伸びが期待されない仕事の担当者という機能も、やはり仕事の観察が重要となる。

ところが、経済学の分析で、わたくしのみるところ、とりわけ当今手薄なのが、技能の分析であり、仕事の分析である。いまやすべて数量化しないと、論文はみとめられにくい雰囲気になった。そして技能や仕事はなかなか数量化の手法になじまない。

いいかえれば、仕事の観察、技能の観察の研究はまことにとぼしい。そのとぼしいなかから、なんとかこれまでのすぐれた研究をとりあげ、あるいは再吟味して、この問題にせまるほかない。

日本それも敗戦後にかぎっても、みるべき文献はまことにすくない。そのなかで、なによりもまず注目すべきは、一九五〇年代半ばの造船産業の分析である。それは六〇年代にも継続され、とりわけ、つぎの二冊の調査報告が注目される。東大社研『造船業における技術革新と労務管理』（一九六〇年）、同『造船業における労働市場と賃金』（一九六五年）である。まことに詳細に造船業の職場、仕事、そこに働く人たちを観察し、しかもいまではとても考えられないほど、企業の内部資料をあつめている。労働者名簿やくわしい一次資料である。

それに造船業は敗戦後の日本産業、とりわけ重工業をリードした産業である。いや明治初期からリードした。さらに敗戦後一九五〇年代大いに発展した。また鉄鋼産業とならんで、非正規がはなはだ多い産業として知られている。

鉄鋼も非正規が多い。のみならず、その労働組合の産業別組織、鉄鋼労連が非正規労働者をも視野にいれた調査をかさねてきた。すばらしい年々の『鉄鋼労働ハンドブック』である。もっとも、それは仕事の内容までにはおよばない。造船業ほどのくわしい非正規労働者を含めた仕事の分析はみあたらない。それでもかつて垣間見た鉄鋼の事例分析がある。それを造船業につけくわえ、とりあげる。第1章である。

アメリカのホワイトカラー職場もみる

第2章としてアメリカの非正規労働者をとりあげる。戦後日本労働史なのにあえて他国をみるのは、他国の事情と照らしあわせて、はじめて日本の非正規労働者問題の特徴もみえてくる、と考えるからである。その特徴のひとつは、日本についての「ブルーカラーのホワイトカラー化」であろう。日本なら大企業のブルーカラーにみられる慣行は、他の先進国ではホワイトカラーにかなり共通するのではないか、という仮説である（小池［一九八一］、Koike［1988］）。

そこでアメリカの大卒のばあいをみる。例によって事例に立ち入った調査をみる。わたくし自身が一九九〇年代アメリカのある保険会社を尋ね聞きとりしたことがある。ただし、そのときの主目的は、ホワイトカラー層のなかにいわゆる特急組があるかどうか、であった。その副産物として、経理畑につき非正規と正規のホワイトカラーの競争をみた。そのことは、一回かぎりの聞きとりゆえに、ごく短く書いたにすぎない。ここであらためてくわしく記すゆえんである。なお、アメリカの非正規技術者、それも設計技術者については、のち第5章で日本の非正規設計技術者をみるときに、吟味する。というのは、この点に立ち入ったすばらしい文献がアメリカにつき存在するからである。

ブルーカラーについては米鉄鋼の状況をさきに書いた。そこで、製造業一般の事例をみる。わたくしの一九七〇年代の調査である。さらに、非製造業として三次産業のスーパーの事例のすぐれた調査研究をとりあげる。

自動車と電機の職場

第3章は日本の製造業職場をみる。自動車と電機である。まず自動車産業である。一九五〇年代非正規から正規への昇格について、まことに貴重な資料があるからである。それはまさに職場の労働者の昇進の正念場ともいうべき勤続年齢層につき、非正規労働者出身と、当初からの正規労働者との比較を可能とする。他にみられない資料ゆえにぜひともとりあげたい。この資料はすでに他でふれたが、そのときの視点は非正規労働者問題ではなかった。それをこの本の視点から再吟味したい。

さらに、かなり時期はさがるが、一九九〇年代見事な調査研究がある。それは自動車の中核メーカーよりも、その関連企業を深く観察している。関連企業といっても小さいわけではない。そしてこれほど立ち入った調査は、ほとんど見られない。それによって実態に迫ろう。

この章は、製造業の他の分野として電機産業もみる。かつてわたくしが電機連合からの依頼をうけ事例を調査し、報告書に書いた。それは職場を尋ね聞きとりしたものである。そのフィールドノートをこの本の視点から再びとりあげ、よりくわしく書いてみたい。というのは、まことに貴重な発見をつたえるからである。

以上は製造業であった。第4章は非製造業として、三次産業の外食業をとりあげる。さいわい職場までおりた調査がある。わたくし自身がかつて東京都の依頼をうけ、尋ねたものである。それをこの本の視点から活用したい。

これまでこの本では、日本についてはブルーカラー中心であった。そこで第5章にホワイトカラーからの事例として製造業設計技術者をとりあげよう。これまで非正規技術者についての文献がとぼしかったからである。その際、さきにもふれたアメリカの航空機設計技術者、それも非正規の事例もとりあげ対比する。

なぜ政府統計をみないか

以上は事例に終始し、政府統計をみない。これまでの、わたくしの戦後労働史シリーズの他の本とは大いに異なる。日本の政府統計は概して良質で、シリーズの他の本はそれによって変遷のおおよその傾向をみてきた。この非正規労働者問題にかぎって、それをおこなわない。事例のみをみて、大勢をみない、変遷をみないかに映ろう。その理由を説明しておかなくてはなるまい。

その説明は第1章の造船をみたあとの方がわかりやすいであろうが、この本の構成を記すここで一言しておく。なによりも大きな理由は、政府統計では事態にあまり接近できない、ということにある。どうしてか。それは造船をみるとわかる。造船でも鉄鋼でも、一九五〇、六〇年代その工場を複数回たずね、びっくりした。毎日その工場の構内で働く人の半数ないし過半は、非正規であった。その大半は「社外工」であった。

社外工は工場の外にいるのではない。毎日その工場に出勤している。だが、その造船所や鉄鋼企業に雇用されていないのである。しばしば「構内請負」ともよばれる。「請負」とは、社外工を雇用するのが造船所ではなく「社外企業」なのだ。「社外企業」とは当時数十人から二〇〇人規模の中小企業である。

そして、政府統計では社外工はその中小企業の従業員として集計される。そのかなりは、その中小企業の「常用」労働者である。政府統計上の「常用」とは、近時は別として、呼称や雇用契約の期間よりも、実態として「前二か月それぞれ一八日以上勤務したもの」と定義されている。したがって、非正規の大半は政府統計では中小企業労働者、それもしばしばその「常用」として集計される。結果として、大企業での非正規は「臨時工」だけが集計される。そのため、一九七〇年代以前は、非正規が表面上は少ないかにみえるのだ。

追加的な理由もある。そうした臨時工は労働市場がしだいに人手不足になるにともない、どんどん減少した。労働市場の人手不足とは、統計上は求人求職倍率でよくわかる。職業安定所の窓口で企業が人を申しこんだ数と、職を求める人の数の割合をいう。それは一九五〇年代〇・二や〇・三であったのが、しだいに上昇し一九六七年一・〇となる。そして一九七三年第一次石油ショック直前には一・四まで急激に上昇する。一九七〇年代初期では、臨時工の名では、当時の一流企業といえども、しかるべき素材の持ち主が応募しなくなる。そこで「試用工」としての採用となった。アメリカとちがい、日本の「試用工」は解雇がまずない。人材選別機能が働かない。

その後、石油ショックで一挙に求人求職倍率が低下した。〇・五や〇・六と急激におちた。そこで企業はいったん消えた非正規労働者を、一挙には増やせないから、しだいに多くしていった。政府統計はその動きを多分過大にあらわした、とわたくしはみる。というのは、非正規労働者をひろう項目が増えたからである。その結果、かつてよりもやや多い目に算出された、とおもわれる。

要するに、おおまかな傾向はほぼつぎのことであろう。敗戦後一九五〇年代すでに非正規は大企業ではきわめて多かった。一部の産業、といっても日本経済の屋台骨を当時ささえた産業では、半数をこえた。一般産業をならしてみても、半数とはいかないまでも、いま非正規の増加といわれるばあいと大差ないであろう。

その後、一九六〇年代後期、労働需要が逼迫するにおよび大きく減少し、一九七〇年代初期にはほとんど消えるにいたった。のち第一次石油ショックでこんどは労働需給が大幅にゆるむと、一転逆の傾向となった。そうした傾向を比較的誤差すくなくとらえるのは、政府統計ではやや無理かともおもう。敗戦後初期の社外工がとらえられないからである。こうした理由で政府統計の時系列の追跡を断念した。

第1章　社外工と臨時工
——一九五〇年代初めの造船業——

1　資料の性質

造船業をとりあげる理由

一九五〇年代からはじめる理由をまず説明しよう。敗戦直後一九四〇年代後半は日本経済の崩壊期あるいは混乱期で、正規労働者と非正規労働者の区別があったとしても、実際どれほどの差異があったか。正規労働者の雇用すらあやしかった。敗戦直後は全員解雇、うち一部再雇用などという企業が多かった。大企業でもすくなくなかった。たとえば日産がそうである。そこまでいかなくとも、多くの大企業が正社員を大勢解雇した。敗戦による経済の全面崩壊の状況では、さけがたい動きであったろう。また従業員も企業の先行きを不安におもい、ふるさとへ、農村へ帰ろうとおもったであろう。

研究も似た状況であった。敗戦後、怒濤のように結成された労働組合運動への調査は、敗戦直後にもかかわらず、いやまさにそのゆえに、いち早く実施され、しかもそれなりの業績を上げた（東大社研［一九五〇］）。だが、非正規労働者問題へのとりくみはやや遅れた。面倒で綿密な調査を要するからであろう。

この問題については、ようやく一九五〇年代半ば、詳細な調査研究が実施された。おなじく東大社研による三冊である（同［一九六〇］［一九六三］［一九六五］）。いまではとても考えられないほど、企業内の一次資料が調査グループに提示された。それはおそらくは当時の東京大学、いや旧制一高のそのころまだのこっていた圧倒的な権威によってもたらされたものであろう[1]。ある大企業の関東地区の造船所の、労働者名簿をはじめ、貴重な一次資料が調査グループに提示された。また、敗戦後の日本経済再建を願う企業側の考えもあったろう。長年調査研究に従事したわたくしからみても、まれにみる協力ぶりとおもえた[2]。

この調査は真っ向から「社外工」と「臨時工」をとりあげた。まさに当時の非正規労働者の典型そのものであった。しかも、この問題にたいしこれほど深く立ち入った調査を、その後もふくめてわたくしは他に知らない。職場をもっともよく知る職長たち数十人に、それも社外工の職長も含め、聞きとりし、その記録を刊行した。それゆえ職場での仕事の分担、本工と社外工また臨時工との分業についても、あるていど具体的に説明している。

それに造船業は非正規労働者問題をしらべるのに肝要な場なのだ。おそらく工場の構内で毎日出勤し働く人の過半、少なくとも半数は正規労働者ではない。しかも、そうした産業はほかにもすくなくない。一九五〇年代、日本経済をリードした重工業はほかに鉄鋼であろう。鉄鋼はいまも当時とかわらず、毎日構内に出勤し働く人の過半は非正規労働者なのだ。

しかも造船は鉄鋼以上の意味がある。明治以来の日本の産業化の先端をきってきた。紡績とならび、機械産業部門をふくみ重工業をになってきた。まさに近代日本経済の歴史を通じた主要産業なのだ。たとえば三菱造船所である。それは江戸末期、幕府経営の長崎造船所からはじまった。それを明治初期、成績不振を打開しようとして民間の三菱がうけついだ。以降の発展は周知であろう。電機産業、機械産業の大企業もしばしば、その三菱造船の一部署から派生した。たとえば三菱電機である。また関東では石川島造船所がある。幕末水戸藩の提案で幕府のカネをもちい関東地区に造船所を開き、いまもなお日本の重工業をささえている。

この調査のみるべきは、その仕事、それも職場レベルでの正規と非正規、さらに臨時工や社外工との仕事の分担をかなり観察している。ただし、個々の職場内での仕事の分担にわけいった調査とはいえない。だが、仕事の観察はまことにむずかしく、めったにみられない調査なのだ。もっとも、「臨時工」やとりわけ「社外工」とは聞きなれないことばであろう。ざっと説明しておく。

社外工、臨時工とは

社外工とは、毎日その造船所に出勤する。だが、その造船所が直接雇用していない。独立した別の会社、ふつうは数十人規模の「社外企業」が雇用し、その造船所の仕事をその構内で請負う。たとえば船の塗装を左舷部分いくらで請負う、などである。管理、監督はもともとは社外工の「班長」があたる。もっともその原型がくずれ、かなりの社外工が本工職長のもと、本工と同じ職場ではたらく。いわゆる「貸工」とよばれる形もでてきた。

請負といいながら、その造船所に毎日出勤する。そうした人たちが造船所構内で毎日はたらく人のほぼ半分をしめていた。とりわけ塗装は八割が社外工であった。賃金をはらうのも造船所ではない。造船所はその社外企業に一工数いくらで対価をはらう。それを社外企業は、それ自身の基準で社外工個人ごとの働きにおうじ賃金をはらうのである。その社外企業が常用に近い形で雇用する人もあれば、その都度、知り合いから募集してあつめてくる人もいる。したがって、その仔細はなかなか充分には知り得ない。

社外工ほど多くはないが、臨時工がいる。一般産業では、というより造船と鉄鋼をのぞいていうべきか、臨時工がふつうであった。臨時工とは、雇用契約が二か月ごとなど短い。それで臨時工という。ただし、結構、継続延長もある。社外工との違いは、造船所が直接雇用する。賃金を直接払うのも造船所で、本工の職長のもと本工とおなじ職場で働く。その比重は、造船所によりさまざまなようだが、おおまかにいって正規労働者の一割ていどか。その数字はここでとりあげる造船所でも同様であって、一九五七年時点で正規九九六人にたいし、臨時工一〇六人であった。ざっと正規の一割余である。

ここまでは、いささかふるい言葉遣いにせよ、わりと知られているかもしれない。まさに当時の非正規の二大類型であった。ところがその仕事分担、つまり非正規と正規、すなわち臨時工や社外工と本工の仕事の分業ぶりをさぐった研究は、まことにとぼしかった。いまも、いやいまの方がかえって、そうした研究はとぼしくなった。仕事内容はなかなか数量化しがたい。数量化しにくいものは、ありきたりのレッテルでくくられ、アンケート調査などで簡単に処理されてしまう。それがいまの多くの数量的な研究なのだ。それでは真に非正規の問題に迫ることはむずかしい。

その点、この東大社研の調査は活用するに値する。おもな職場ごとに、つまり数十人の単位ごとに、その作業分担を、本工、社外工、臨時工にわけて記し、しかもその仕事の異同をあるていど記述する。個人ごとの分担までの観察はないにしても、仕事をよく知る職長の目でみた、この三グループの仕事の異同を記す。その点は大いに評価できる。

昨今の調査は、非正規労働者自身に、正規労働者との仕事の異同を聞いたりするにすぎない。数量分析ができるようにアンケート調査で聞くのである。だが、仕事の異同の真の認定は、職場の面倒な仕事をもよく知っている人でないと、むずかしい。経験のあさい人に、たとえばこの仕事を一通りできるようになるのに何年くらいかかりますかと聞くと、一、二年などという答えがかえってくる。これにたいし、職場のベテランに聞くと、五年なり一〇年などとまったく違う答えがかえる。一見おなじ仕事でも、そこから生じる問題やトラブル処理までこなすレベルか、そうでないかとでは、相当な差があるものだ。その点、この東大社研の調査は仕事をよく知る職長の話だから、大いに信頼できる。

しかしながら、肝心の分析視点が、通念そのままの雇用調整機能と低技能分野分担機能にとどまるのである。当時のことばでいえば、「過剰労働力」の存在形態としてしか見ない。重要な人材選別機能の視点がまったくない。

にもかかわらず、ここでとりあげるのは、肝心の視点が欠けているにしても、こまやかに資料を集め刊行した(非売品)。その結果を、この調査報告の書き手にはなかったけれど、人材選別機能をも見る目をもって再吟味すれば、当時の貴重な状況を追跡できるかもしれない。まずはその資料を説明しよう。

三冊の調査報告

敗戦後、東京大学は社会科学系の研究所をはじめて設立した。それまで東大の研究所は東京天文台や地震研究所など自然科学関係が中心であった。文科系では「大日本史料」を担当する史料編纂所があったにすぎない。敗戦後、社会問題こそ調査すべきだとの意図で、社会科学研究所が設立され、その初代所長に、のちの東大総長矢内原忠雄をすえた。かれはその戦前、戦中の事績

――その日本植民地の研究によって東京大学から追放され、つよい信仰に生きた――によって、まことに各方面からの信頼があつく、人材をひろくあつめた。その社会科学研究所が最初に手がけた調査が戦後労働組合の実態であり、当時はまことに貴重な研究成果であった。

それについで続々と調査がくわだてられた。そのひとつが非正規労働者の研究である。とはいえ、当時は非正規労働の調査とは名乗らず、技術革新の影響分析と称した。産業ごとに企てられ、石炭、自動車、化学などとならび、当時日本の重工業をささえた造船業もえらばれた。その造船業調査こそまさに非正規労働問題の最初で、きわめて詳細な分析であった。

その成果は三冊の調査報告にまとめられている。東京大学社会科学研究所［一九六〇］、同［一九六五］、そして資料集として同［一九六三］である。これらはいずれも東京大学社会科学研究所から刊行されたが、調査報告ゆえに市販されなかった。貴重な一次資料が調査報告に多く収録された。とくに六〇年、六五年の二冊が重要である。

貴重な一次資料とは、さきにもふれた労働者名簿、また造船部長、課長はじめ、二六人の本工職長、さらに一一人の社外工班長たちへの聞きとり記録を掲載する。のみならず、外部からはなかなか知り得ない造船所の当時の仕事内容を、ていねいに説明している。その中心問題は、この三冊目のタイトルが示唆するように、技術革新の影響と題しながら、実は非正規労働者問題なのだ。

それほど詳細な説明にもかかわらず、肝心の非正規労働者問題については、もっとも重要な人材選別機能分析の視点がみられない。雇用調整機能と低技能仕事分担機能、そして通念にもとづく低コスト機能のみである。もしそうなら、すでに指摘したように、日本に正規労働者すなわち本工労働者が出現し長期に存続する根拠がとぼしい。企業間競争つまり市場競争を否定しないかぎり、全員が非正規という企業が市場競争で勝つはずではないか。ところがそうした視点がまったくない。

肝要な視点の欠如

しかしながら、その肝心の視点をもって読み直せば、じつは要点に迫るいくつかの糸口があった。まず第一冊、東大社研［一九六〇］の聞きとり記録では、さまざまな職場の本工の職長たちが、臨時工やすぐれた社外工の「本工登用」を語っていた。中組立職場の本工職長はいう、「取付工では、臨時工から本工に昇格した者が四名いる」と（一三二頁）。ただし、その職場の数字とはおもわれるが、はっきりしない。また、一年間の数字なのか、あるいは数年間の数字なのかもわからない。

別の組立の取付工職場では、本工一〇名、臨時工一〇名、社外工がふたつの班計四〇名いる。その職長はいう「臨時工については、うでと勤怠表に基づいて本工化の途を閉ざしてはいない」と（一三九頁）。

機械ガス切断職場（さまざまな呼び方があり勤労課は機械工とよぶそうだが）の職長は語る。「臨時工—本工の昇進は、三か月くらい成績をみた上で、相当の優秀者を選び、社外工の場合には、成績次第で社外—臨時—本工か、もしくは社外—本工と昇進する。特に優秀な社外工は、社外企業の許可なしに本工へ引き抜いたこともある」（一一六頁）。つまり、ここでは社外工からの本工昇進もあるようだ。もっとも他の職場では、臨時工の本工昇格は考えているが社外工の本工昇格は考えていない、という話も載せられている（一三九頁）。

だが、この調査報告の書き手は、そうした説明にまったく注目せず、したがっていったいどれほどの昇格率であったのか、わずかに例外的な人が昇格したにすぎないのか、それともかなりの割合の人が本工に登用されたのか、それが一切記されていない。

2　臨時工から本工への昇格

二五人の履歴

それを捜しながら読んでいくと、東大社研［一九六五］にふたつ、めざましい資料があった。著者たちはまったく注目していないが、じつに貴重である。ひとつは、本工二五人の労働者履歴の記載である。その二五人中じつに一四人、すなわち過半がこの造船所の臨時工から本工に昇格している。ほかに社外工からの昇格もあるらしいのだが、この二五人の履歴にはでてこない。

表 1-1　本工 25 名の履歴——1956 年

職種	職歴記載人数（人）	うち臨時工からの昇格者数（人）	本工全体にしめるその職種の割合（%）
鉄木工	1	1	6.6
鉄機工	1	1	4.1
取付工	7	3	10.7
電気溶接工	3	1	18.0
鋲打工	1	1	1.9
管工	1	1	1.9
木工	3	2	5.8
塗装工	2	1	3.0
管理工	2	1	7.9
起重機運転	2	1	4.4
整備	2	1	7.1
小計	25	14	71.4

注）25 人以外の職種数は 12 である。
出所）25 人の職歴は東大社研［1965］84-86 頁。本工の職種別割合は，同東大社研［1965］164 頁より算出。

ではこの貴重な二五人はどのようにして抜きだされたのか。その説明はみあたらない。この調査は一九五六年七月時点での労働者名簿を基本資料としている。その時点で本工数は造船にかかわるかぎりで一〇二六人である。その一〇〇〇人余から、この二五人をどのような手続きや理由で抜きだしたのか、それがわからない。

ただし、二五人の職種をみれば、わりと万遍なくとりだしているかにおもえる。それをみるために表1-1は、二五人の職種ごとの人数と、本工全体の職種ごとの割合をしめした。また臨時工から本工昇格者数も記した。

まず、この二五人のサンプルにどれほどの代表性があるのか。それは先にもふれたように、この調査報告書ではまったく説明されていない。それをさぐる手がかりとして職種数の割合をみてみる。職歴記載の職種は一一、他方、不記載は一二、一見かたよったサンプルにみえる。だが、記載職種の人数は本工の全体のじつに七割余をしめる。かならずしもかたよった抜きだしではない。むしろ人数の多い職種に注目した、といえる。

こうした制約つきではあるけれど、七割の比重をもつ職種のすべてに、臨時工出身者がいる。のみならず、臨時工から本工への昇格者は、二五名中一四名と過半をしめる。社外工出身者はまったくみつからないけれど、すくなくとも臨時工出身者がかなり多いことをしめす。もしそうなら、すくなくとも臨時工については、本工という人材への選別機能こそが注目されるのである。

ただし、一〇〇〇人中わずか二五人のサンプルにすぎない。なんとかして、そのサンプルの信頼性を確かめることができないか。

本工にしめる臨時工からの昇格者

もうひとつの資料が東大社研［一九六五］にある。だが、著者たちは前述の二五人の経歴と同様まったく注目していない。それはこの報告書の統計編にある。年々の臨時工の本工昇格者数、また別の表の年々の本工採用者数である。臨時工の本工昇格者数は一九五一年から五四年まで使える。五〇年以前は記載がなく「日雇人夫」など他の制度や呼び方であったようだ。またその後も制度や呼称がかわったのであろう。ほとんど空欄となっている。他方、本工採用者数は年々の数値を記す。両者を対比しようとするなら、一九五一―五四年の期間にかぎるほかない。その数値をしめしたのが表1-2である。なお、臨時工の年々の採用者数もあわせ記した。また主な五職種と、それ以外も含めた全職種計の数値をかかげた。

表から臨時工が本工選考の重要源といえる。本工採用者のおそらく四割ほどとおもわれる。年々の波が大きいので、数値の利用可能な五一―五四年の全期間、全職種をとる。表のaの数値となろう。すなわち、この期間、各年の、(1)「臨時工からの本工昇格者数」と(2)「最初からの本工採用者数」との計で、それで(1)をわった数値と考える。

「考える」との語をつけたのは、もとの資料はたんに(イ)「年次別採用労働者数(本工)」、また(ロ)「年次別採用者数(臨時工)」と記されているのみで、その説明がまったくないからである。しかも、この両者は別の表に掲げられている。それゆえ(イ)が上記(2)なのか、それとも(1)+(2)なのか、つまり、この表のしめす「本工採用者数」が、その年、最初から本工としての採用者か、それとも、臨時工からの本工昇格者もふくむのか、それがはっきりしないからである。しかし、うえの表の数値をみるかぎり、すなわち職種ごとの年次別の数値をみると、(ロ)臨時工からの昇格者数が(イ)本工採用者数より多い項目がすくなからずあり、(イ)を(2)つまり、臨時工からの昇格者をふくまず、最初から本工として採用したもの、と解するのが妥当であろう。

ここで全職種とは、原資料記載の一九職種および「その他」をいう。ただし、職種別には、うえの表では主なものとして五つを掲げた。職種の人数が多く、かつ臨時工から本工への昇格者が多いものを抜きだした。ちなみに一九五六年時点で本工の多い順位をいえば、一位電気溶接工、

表 1-2　本工にしめる臨時工出身者の割合――1951-54 年

職　種	1951 年	1952 年	1953 年	1954 年	計
取付工					
(1) 臨時工の本工昇格者(人)	53	10	－	7	70
(2) 本工採用者（人）	99	9	－	8	116
(3) 臨時工採用者（人）	－	－	1	5	6
a. (1)／{(1)＋(2)}（%）					37.6
b. (1)／(2)（%）					60.3
電気溶接工					
(1) 臨時工の本工昇格者(人)	44	58	3	11	116
(2) 本工採用者（人）	118	53	1	13	185
(3) 臨時工採用者（人）	－	－	1	14	15
a. (1)／{(1)＋(2)}（%）					38.5
b. (1)／(2)（%）					62.7
木　工					
(1) 臨時工の本工昇格者(人)	33	3	1	1	38
(2) 本工採用者（人）	68	2	－	1	71
(3) 臨時工採用者（人）	－	－	1	2	2
a. (1)／{(1)＋(2)}（%）					34.9
b. (1)／(2)（%）					53.5
整備工					
(1) 臨時工の本工昇格者(人)	44	7	4	4	59
(2) 本工採用者（人）	72	8	4	3	87
(3) 臨時工採用者（人）	－	－	2	19	21
a. (1)／{(1)＋(2)}（%）					40.4
b. (1)／(2)（%）					67.8
艤装工					
(1) 臨時工の本工昇格者(人)	36	12	3	－	51
(2) 本工採用者（人）	82	12	2	－	96
(3) 臨時工採用者（人）	－	－	2	19	21
a. (1)／{(1)＋(2)}（%）					34.7
b. (1)／(2)（%）					53.1
全職種計					
(1) 臨時工の本工昇格者(人)	310	115	26	56	507
(2) 本工採用者（人）	649	106	17	52	824
(3) 臨時工採用者（人）	－	－	30	69	99
a. (1)／{(1)＋(2)}（%）					38.1
b. (1)／(2)（%）					61.5

注）臨時工採用者の人数は 1953 年以降のみ記載されている。
出所）東大社研［1965］211-212 頁。

二位取付工、三位整備工、四位木工、となる。なお艤装工は多いのだが、職種が五六年には表示がかわり、艤装工はとくに小分けとなって、五六年時点での本工の人数の順位はでない。他方、五一年から五四年までの臨時工の本工昇格者数からいえば、表示されているように、艤装工は木工をぬいて四位となるのでここに掲げた。この主要五職種のどれもみても大差ない。ほぼ似た数値となる。

そうじて、臨時工という非正規労働者の、本工への人材選別機能は、この時期なかなかのものといわねばなるまい。ほかに社外工からの昇格もあろう。非正規労働者の存在理由として、人材選別機能の重要性が示唆される。

臨時工はどれくらい本工に昇格したか

うえの話は、本工採用者のなかで臨時工からの昇格者がどれほどか、という点であった。さらに、別の事情にも注目しなければなるまい。つまり、採用された臨時工のうち、どれほどが本工に昇格できたのだろうか、という点である。臨時工のうち多数が昇格できたのか、それとも、昇格者は幸運な少数であったのか、ということである。

うえの表はそれを語らない。この点はよい数字がない。残念ながら、うえの表のしめすように、臨時工の採用者数の記載は一九五三年からとなり、五四年の「臨時工からの本工昇格者数」と比較するにとどまる。わずか一年だけの数字なので、あやしくなる。全職種計でみても、一九五三年の臨時工採用者は三〇人、他方、五四年の臨時工からの本工昇格者は五六人、それだけとると、異常に高い。じつに一九〇%近い。

つまり、この一年だけの数値は、あまり頼りにならない。当然ながら、その昇格割合は企業のそのときどきのその企業の動向、その労働需要に大きく左右される。労働需要が大きくのびるとき昇格率は高くなり、それがのびないと、昇格率は低くなるだろう。また、昇格する臨時工も一年以内とはかぎるまい。

いったいこの観察期間、一九五一—五四年とは、造船業にとってどのような時期であったのだろうか。敗戦後の本格的な造船ブームは一九五六年からで、まだその前である。それでもややのびていた時期か。それにしても、さきの数値は、むしろ異常値とみた方がよいだろう。

その動きをこの造船所についてみる。東大社研［一九六〇］（二二頁）は、一九五〇—五八年のこの事例の新造船と修繕船の売上をしめしている。両者をあわせ年ごとにみる。一九五〇年を一〇〇とすれば、翌五一年には三〇二と三倍にのびる。めざましいのびである。五二年は二九四とやや停滞するが、五三、五四年は四五七、五〇二とのびる。一九五六年以降はまさに造船ブームで急伸する。つまり、一九五一—五四年の期間は、まだ造船ブームまではいかないにしても、この造船所はかなり上向きであった。

もっとも、うえの数値は売上であって、労働需要とはいえない。労働需要に近い数値として工員数などをとりたいのだが、この調査報告（東大社研［一九六五］）には、この期間に近い数字は、五一年一二月と五五年一二月の本工数しかみあたらない(二一七、二一九頁)。それでみると、一九五一年を一〇〇として、五五年は一一八、他方さきの売上の指数は、同じ期間、五一年を一〇〇として五五年一五五である。この期間労働需要は、相当の上向きといえよう。

それゆえ、臨時工の昇格率が異常に高めにでている可能性が大きい。それにしても社外工からの昇格者もあろうし、非正規労働者の人材選別機能の重要性がおもわれる。それを無視して実態にせまるのはむつかしい。

3　仕事の分業

取付工の職場

非正規、正規労働者間の仕事の分業を、職場におりて確かめたい。東大社研[一九六〇]は、数十人の職長への聞きとり記録を収める。まず本工昇格率も高く、職種の人数も多い、ふたつの職種をみよう。船体組立の主要職種、取付工と電気溶接工である。取付工からみていく。

この調査報告は、取付工の本工職長三人、また社外班長一人の聞きとり記録をおさめる。ところが各班の人数、その本工、臨時工、社外工などの内訳はわかるのだが、肝心の本工、臨時工、社外工の仕事の違いがはっきりしない。ひとりひとりの仕事に立ち入っての観察が欠けているからであろう。ともかく、読みとれることから書いていく。

取付工とは昔からの職種名で、船体の組立を担当する。だが、その仕事内容は大幅にかわった。かつて船をおもに鋲打ちで組立てていたころは、鋼板にワイヤーをかけ（玉かけ）、クレーンに合図して組立のところにはこび、すでに孔があけてあるところをあわせて仮止めし、あとは鋲打ち工に頼んだ。

敗戦後ブロック組立工法が中心になると、取付工は仮溶接で仮止めするようになった。そのあと電気溶接工がしっかりと溶接する。つまり船体組立を電気溶接工とともに、取付工がになっていた。こうした作業を、本工、臨時工、社外工がまじって仕事する班もあれば、社外工だけの班がある個所の取り付けを請負することも、当時まだすくなくなかった。したがって、本工、臨時工、社外工が交錯していた。

その点を「中組立」の取付職場につき、この報告書のかぎりで追ってみる。中組立とは部品の組立を担当する小組立のあとをうけもつ。屋外作業の大組立のまえの担当で、ブロック工法では屋内作業となる。まずその中組立職長の配下の組織をしめそう（東大社研［一九六〇］一三四頁）。

中組立取付職長
　中組立班長（本工）
　　グループ一―本工二名、臨時工三名

グループ二―本工一名、臨時工一名、社外工一名
グループ三―本工二名、社外工二名
グループ四―同上
グループ五―本工三名、社外工二名
進行班長一名―本工一五名、臨時工四名
大組立、治工具班長一名―本工八名、臨時工四名、社外工二名
社外工班長一名―社外工八名
社外工班長一名―社外工五名

このうち取付作業をになうのは、中組立班長の五つのグループ、また社外工の二つの班である。この七つの班ないしグループの分業はわからない。また、この班のなかの本工、臨時工、社外工の分業、さらに各人の仕事内容の異同は記されていない。ただ、ごく一般的には、本工が班長のばあい、本工が棒心をつとめ、臨時工や社外工が先手をつとめる、というのみである。でも、棒心の仕事内容と先手の仕事内容の異同は説明されていない。たぶん臨時工と社外工は、本工の補助であるらしい。

さらに社外工だけの班がある。それはまさしく取付専門で、そこには本工、臨時工がひとりもいない。つまり、社外工のふたつの種類が析出された。ひとつは本工のもとで補助作業をおこな

う。他は、リーダーも棒心も補助も、ともに社外工が担当する。昔にさかのぼれば、後者が請負の原型であろう。社外工だけの班が船の左舷、あるいは右舷の組立を請け負うようだ。他方、前者は「貸工」とよばれ、社外工がいわば臨時工化した、とみられている。このふたつのタイプが比重はさまざまながら、多くの職種にみられる。人数も多い電気溶接工職場をみておく。

電気溶接工の職場

東大社研［一九六〇］は電気溶接工職場のふたりの本工職長の話を記録する。さらに、本工の職長ながら、社外工班を担当する人の話も記録する。しかも社外工の班長への聞きとり記録ものせている。その一例として、ある溶接職長の話した記録をみる（一四六―一四九頁）。

まず溶接には当時、自動と手動の二種があった。自動とは自動溶接機をもちいるもので、手動溶接担当者のなかから優秀なものをえらんだ。一級の持ち主をえらんだ。級とは「日本海事協会」の規則で、一級は上向きの溶接ができるもの、二級は垂直の溶接ができるもの、三級は下向きの溶接ができるものとされた。とはいえ、自動溶接機では当時まだできないことが結構あった。六ミリメートル以下の板厚のものは手動でないと溶接できない。また上向き、垂直などで自動溶接機が使えない場面が結構あった、という。

それでも技能を区別するふたつの指標がみつかった。手動、自動そして、三、二、一級の各級である。もちろん、こうした格付けが技能をしめすのに充分とはおもわれない。仕事ぶりを現場でみた方がはるかに確かであろう。とはいえ、ひとつの手がかりとなろう。まずある電気溶接職長の統括する作業組織を記す。

電気溶接職長
自動溶接班長一名―本工一八名（一級）
中組立手動溶接班長一名―本工七名（一級）、五名（二級）、六名（三級）
臨時工二名（三級）
大組立手動溶接班長一名―本工三名（一級）、六名（二級）、八名（三級）
臨時工三名（三級）
中組立手動社外工班長一名―社外工八名（級不明）
大組立手動社外工班長一名―社外工三名（級不明）
大組立手動社外工班長一名―社外工六名（級不明）

以上の組織だが、その分業は、具体的にはあまりわからない。はっきりしているのは自動溶接はすべて本工、ということだ。全員一級である。それが二人一組で働くと記してあるが、その二人の間の分業は不詳である。手動となると、臨時工が本工の班に入って働く。そして臨時工はすべて三級であり、本工は多くが一、二級だが、三級の本工もいる。すべてその間の分業はわからない。

これにたいし社外工は自分たちの班をつくり、社外工だけで働く。その社外工班と本工班との分業も説明されていない。この職長の職場ではなく、別の職長のもとでは、修繕船を社外工だけで担当したりする。またある職長の下の組織では、社外工も級が明示されているばあいもあり、それによれば社外工でも一級、二級が多く、三級もいる（一五三頁）。

ある本工の職長の話では、本工と社外工の技能の違いは、個人による技能のばらつきの大小にある。社外工の方のばらつきが大きい、という（一五三頁）。こうしたことから察するに、そうじて社外工は技能の高い人も低い人も含まれ、最近の非正規労働者がしばしば本工の中堅層よりかなり技能の低い仕事に従事するのとは、いささか話がちがう。それゆえ、社外工だけでひとつの班を作り、ある場所を請け負うのであろう。この傾向は社外工が多数をしめる職種では一層つよくなろう。

4 社外工の多い職場

塗装工

社外工が圧倒的に多いのは、塗装である。まさに船の左舷、あるいは右舷の塗装を請け負い作業する。一九五七年時点で本工三九名に対し一四九名、じつに全塗装労働者の七九％におよぶ。

とはいえ、本工も少数ながら存在する。社外工の多さでこれにつぐのは、六四%の艤装工と六一%の整備工である。さきの取付工も五五%におよんだ。艤装工は時期により職名が細分化されたりしてはっきりせず、塗装工と整備工をみておけばよかろう。まず塗装工をみる。

塗装工もなかで明瞭に技能の階梯がある。社外工が圧倒的多数をしめるとは、その階梯のすべてを社外工のなかで含む、ということになる。それゆえ自前の組織で、船のある部分の塗装を請負うことができる。技能の階梯とは、下にしめしたように五段階にわかれる。まずa「錆落とし」から始まる。ついでb1「錆止め」、あるいはb2「下塗り（木部）」へとすすむ。そのあと、c「パテ塗り」―d「中塗り」―e「仕上げ」すなわち、e1「上塗り」やe2「ラッカー仕上げ」またe3「ポリエステル仕上げ」とすすむ。上塗り、ラッカー仕上げ、ポリエステル仕上げはならんでいる。社外工もこうした階梯にわかれ作業し、その階梯をすすんでいく。

a錆落とし―┬―b1錆止め―――c パテ塗り―――d中塗り―┬―e1上塗り
　　　　　└―b2下塗り（木部）　　　　　　　　　　　├―e2ラッカー仕上げ
　　　　　　　　　　　　　　　　　　　　　　　　　└―e3ポリエステル仕上げ

もっともブロック建造になってから変化がおこった。錆落としや錆止めがブロック組立のときにおこなわれ、それを船台にのせたあと、仕上げ塗装がおこなわれるようになった。そのため、社外工が錆止めや錆落とし専門の組と、仕上げ塗装の組にわかれるようになった、という変化である。それは社外工の作業組織の変化であって、社外工が仕上げ塗装という必要技能のもっとも高い人たちをふくむのは変わらない。

それが社外工のもともとの特徴であった。いわば町の職人層を上位に含んでおり、それゆえ、造船の仕事がなくなれば、町で橋梁の塗装などさまざまな仕事を請け負うのであった。まさに塗装専業の職業集団なのだ。

とはいえ、本工がいないわけはない。二割ほどの本工がいる。その本工は監督者としてではない。すぐあとでみる鉄鋼でも、またしばしばみられるような、監督者としての本工ではない。まさに塗装工としての本工なのだ。

では、どのような仕事の分業があるのだろうか。塗装の必要技能最上部の作業でも、とくに面倒とされる作業は本工が分担するようだ（東大社研［一九六〇］六二頁）。たとえば本工は上級船室、社外工は下級船室と甲板というふうに分担する、と語られている（東大社研［一九六〇］二四二頁）。すなわち本工に技能上の多少の優位があるならば、本工は完全には駆逐されない。

本工が技能上の理由で駆逐されないとは、低賃金利用機能があまり重要でない、ということを意味する。その点を確かめるために、仕事の分業、異同の観察がまことに肝要なのだが、そうした研究はまことにとぼしい。この造船の調査とほぼ同時代、わたくしが知るかぎり、その点に立ち入った文献はとぼしい。ただし、のちに見るように、鉄鋼につき多少の聞きとりがある。

整備工

整備工という職種名は、この事例ではさまざまなばあいに使われている。内実はかなり異なる。うち比較的多い外業整備工をとりあげる。その仕事はおもに足場組みと、進水後の足場はらいである。ほかに清掃などもある。外業整備職長の組織をみる。

外業整備職長
　本工班長一名―本工棒心九名＋本工先手三名、社外工先手五名
　本工班長一名―本工棒心六名＋本工先手三名、社外工先手三名
　社外工班長一名―社外工六名（棒心、先手の別、不詳）

本工の採用は「町とび」からであった。すでに「とび」になっているものから採用する。ただし、すぐに造船の職場で使えるのではない、という。造船のとびははげしい騒音のなかでの仕事で、町とびはすぐにはそれに慣れず、本工の棒心について仕事しながら必要な技能を身につけていく。

社外工との分業はある。本工は社外工より、やや面倒な仕事を担当する。より面倒とは、足場組みと修繕船の担当である。他方、社外工は二種ある。ひとつは本工の先手すなわち補助として働く。他は、社外工だけの班をつくる。後者は足場はらいなどを担当する。つまり塗装よりは本工と社外工の分担がはっきりし、本工の比重がやや多くなる。

そうであれば、雇用調節機能だけではない。人材選別機能もあるだろう。ただし、その機能がどれほどあるか、どのように働くかは、この調査報告には一切説明がない。あえて推量すれば、町とびからの採用といっても、社外工も同様で、それゆえ社外工からの本工昇格もあるのだろう。

木　工

この職種は社外工が本工とならんで結構存在しながら、非正規と正規にわける意味がはっきりしない。その作業内容はきちんと説明されている。内業木工と外業木工にわかれる。内業木工とは、屋内作業という意味で、船の家具類を制作する。他方、外業木工とは船内で家具や木製品の取り付けをおこなう。その作業組織はつぎのようになっている。

内業担当職長
　本工班長一名─本工一七名
　本工班長一名─本工二二名
外業担当職長
　本工班長一名─本工一六名
　本工班長一名─本工二〇名

社外工班長一名―社外工一四名
社外工班長一名―社外工一一名

内業木工に社外工がいないのは、外注しているからである。造船所の構内で働くのではなく、外の家具メーカーに外注している。外業木工は船内の仕事なので、構内で働くほかない。当然に社外工となる。ただし、本工にまじって働くのではなく、社外工だけの班をつくり、ある個所を請け負うのである。

社外工と本工の併存の意味がなかなか分からない。というのは、これまでみてきたほかの職種と異なり、本工の技能上の優位がみつからないのだ。木工の本工職長も、また社外工の班長たちの話も記録されているが、いずれも社外工と本工は同じ仕事をし、技能の差はない、という。それどころか本工の職長は、仕事の段取りなどは社外工の方がむしろ上手だ、というのである（東大社研［一九六〇］一七三頁）。

それというのも、社外工はその社外企業で常用の人と、その都度頼む臨時の人がいる。常用の人はその社外企業自体が自家工場をもち、そこで働いていたりする。また臨時の人は町の大工を頼むという（二三二頁）。それでは腕が立つ理由もわかるというものだ。

もしそうなら、なぜほとんどを社外工に頼まないのだろうか。なぜ本工をのこすのか、その理由がわからない。あえて推量すれば、最低人数を確保しておこう、という意味くらいしか、おもいつかない。あとは、コストの比較すなわち賃金の比較となろうが、その資料は見当たらない。おそらくその後は、家具類は大いに外注が増え、外業木工はしだいに社外工に傾いたのではないだろうか。

もうひとつの推量は、ブロック工法で溶接部分が増大すると、どうしても歪みがでる。そのしわよせが木工にくる、という。木部のとりつけに調整を要する。その仕事上の技能の必要が本工をのこした理由かもしれない。

とはいえ、そうじて木工以外は、非正規、正規労働者の仕事にはかなり明瞭な分業があった。

5　鉄鋼職場の分業

鉄鋼も社外工が多い

ほぼ同時代、非正規と正規の分業状況は、鉄鋼業でもはっきりしていた。そして鉄鋼は造船業とならび、社外工がまことに多い産業であった。毎日工場の構内に出勤する労働者の半数は非正規、その大半は社外工であった。さらに少数とはいえ、造船業のように臨時工もいた。その間の仕事の分業、異同をぜひとも観察したい。だが、職場レベルまでおりた観察はめったにない。

ここでは一九五〇年代後半、元日本鋼管鶴見製鉄所厚板圧延職場の事例をもちいる。調査報告書を書いたわけではないけれども、わたくし自身もかなりの回数尋ね、職場で話を聞いた。この事例のさまざまな状況は高梨［一九五九］、同［一九六七］を参照していただきたい。ただし、これから語る非正規と正規労働者の分業は、そこには書かれていない。わたくしのノートはすでに失われ、記憶にたよって書いている。とはいえ鮮烈な印象があり、つよく記憶にのこっている。細部の数値だけがのこっていないにすぎない。そしてその印象が、わたくしの日本労働市場観形成の、ひとつの重要な基盤となっている。

日本鋼管鶴見製鉄所は当時厚板圧延に力をそそいでいた。その主力職場であった。というのは、原材料のスラブすなわち鋼板の素材は、となりの同社川崎製鉄所からくる。そして製品の送り先は、これまたとなりの同社鶴見造船所でもあった。つまり船をつくる厚板を圧延する生産ラインであった。もちろん、他の製品をつくる生産ラインもあったが、ここではその厚板圧延職場に注目する。

その厚板圧延ラインは二本あり、それぞれ三つの職場から構成されていた。いまそのひとつの圧延ラインをとる。三つの職場とは操炉、圧延、そして精整である。圧延とは製鋼でつくられた鋼材を、圧延機で製品の形に圧し延ばす。鉄道のレールもあれば、自動車用の薄板もあるが、ここでは造船用の厚板圧延が製品であった。製鋼でつくられた鋼材は、スラブとよばれる。厚さ五―一〇センチメートルほどか、幅一メートル余、長さ数メートルの鋼材であった。それを圧しのばすために、まず均熱炉にいれ、真っ赤に熱する。その均熱炉の操作が操炉職場である。ここでは、本工と臨時工が働く。残念ながら臨時工の人数は正確にはわからない。だが、けっして無視できるほど少ない人数ではなかった。本工は炉の諸元、つまり重要な条件、温度、加熱時間などをコントロールする。臨時工は材料の運搬や補助作業につく。正規と非正規労働者の仕事分担は明瞭であった。

中核の圧延機職場

ついで中核の圧延機職場がくる。そこには粗圧延機と仕上げ圧延機の二基がある。その操作はそれぞれ三と四の職務にわかれ、計七の職務がある。技能最上位は仕上げ圧延機圧下手、ついで粗圧延機圧下手である。両者が圧延機のもっとも重要な条件をコントロールする。もっとも重要な条件とは、圧延機の心臓、ロールの間隔の調整である。圧延機には二本のロールが上下にあった。直径一メートル、長さ二メートルくらいか。それぞれのロールを内側に回転させる。上下のロールの間に狭い間隔をおく。そのなかに真っ赤に熱した鋼板がおくりこまれる。上下のロールから圧されてうすく伸ばされていく。厚板圧延のばあい、この操作を数回くりかえし、鋼板を往復させて注文どおりの厚さにしあげていく。

その仕事の核心とはなにか。なるべく速く圧延したい。往復の回数をすくなくしたい。といって、はじめから上下のロールの間隔をあまりに狭くしては、鋼板ははねかえされ、ときに変形してしまう。それは最大のトラブルで、そうなっては、もう一度均熱炉に戻して加熱するところからはじめねばならない。重い鋼板をクレーンでとりのぞき、均熱炉にもどしていく。大変な作業となる。さりとて慎重になりすぎては、手数がかかりすぎてしまう。しかも、いつもおなじ材質とはかぎらない。厚さも異なる。さまざまな要素を考慮して調整しなければならない。まさに中核の仕事なのだ。

さらに多くの条件に気をつけなくてはならない。鋼板を運んでくるスピードの調整がある。テーブルとよぶ、回転する横棒からなるコンベアの速度の調整である。その担当はテーブル運転という職務になる。また厚さだけではなく、幅をも調整する。エッジャー運転の職務である。こうしたさまざまな職務を圧下手が指示する。それにしても、下位の職務でも、きわめて肝要であるために、その職場にはひとりの臨時工も社外工も配置されていなかった。下位の職務は養成工出身者にかぎられていた。養成工とは当時は中学新卒で採用され、数年製鉄所の全日制の訓練コースで勉強してきた、まさに将来の職長候補なのだ。そうした人しか配置されていなかった。

社外工の多い職場

これにたいし、最後の職場、精整職場はがらりとかわり、その監督者以外はすべて社外工であった。精整職場の仕事とは、圧延された厚板のバリとりなどにあたる。圧延されると、さまざまなバリがつく。バリとは加工の際生じやすい多少の突起などであり、それをとりのぞき、かつ製品の寸法を整える仕事なのだ。

なにをいいたいか。職場にまでおり、個々の仕事をみていくと、非正規労働者と正規労働者では、かなり仕事が異なるのだ。なるほど組織上一見同じ職場に属することが多いかにみえる。だが、それは同じ仕事をこなしている、ということではけっしてない。立ち入ってみると、必要技能度の異なる別の仕事についている。つまり非競争群なのである。とすれば、非正規労働者問題のふつうの解釈、おなじ仕事をより安い賃金でこなすための労働力という通念は、ほとんどあたらない。それが見えないのは、しばしば仕事にまで立ち入って観察しないからなのだ。

ただし、こうした分業の具体的な現れ方は、時代により、産業により、またこまかくは企業により異なろう。そして、キャリアの初期は異なる仕事についても、その仕事内容の一部でもより上位の仕事への関連があれば、つまり下位の仕事の経験が上位の仕事の訓練にもなるばあいは、本工への昇格の途がひらけよう。この鉄鋼工場ではこまかい慣行までは確かめる機会がなかったが、臨時工からの昇格がすくなくないことはわかった。というのは、この製鉄所は何回も尋ね、労働組合の委員たちの話も複数回聞いた。その話によれば、組合の委員たちのうち、かなりの人が臨時工から本工への昇格者であったからである。

要するに、仕事の観察の重要性、そこからひきだされる非正規と正規の仕事の違い、また関連が多少ともあり技能修得上プラスと見られるならば、非正規が正規の人材選別の機能をもつことは、すでに一九五〇年代充分みとめられた。

そうじて

以上、一九五〇年代の造船業と鉄鋼業大企業をみてきた。どちらも毎日工場に出勤してくる人のざっと半数が非正規労働者であった。その非正規労働者は、呼称は社外工や臨時工であったが、呼称は異なるにしても、現在非正規労働者としてふつうに考えられているタイプのかなりが、パートは別にして、認められた。社外工の一部、本工班長の指揮下にはいって、本工とともにはたらく社外工は、まさにいまでいう「派遣」にあたる。そして他のタイプの社外工、社外工の班長のもとで働く社外工は、現在の請負労働者であろう。パートだけがでてこないにすぎない。それは男性中心の、当時の造船業や鉄鋼業であるからかもしれない。短時間労働者は労働力調査によれば、やはり多く存在する。また、そうした職種の範囲も広いようだ。

非正規労働者と正規の併存の根拠、その合理的な機能はなにも日本に限らない。ところが、すぐさま日本の特異性などとおもわれがちである。そこで、日本の戦後労働史にもかかわらず、つぎの章でおもにアメリカをみておく。そうすれば、現れ方はさまざまであろうが、うえで指摘した機能の存在もたしかめることができる。また差異もみえる。そうした共通性と差異を知ることで、その弊害への対処にもヒントが得られるかもしれない。その際、あくまで仕事の分業との関連を見ることが基本となる。そうすると、アメリカ一般の記述ではなく、職場の仕事まで立ちいった調査研究のあるところに観察がかぎられる。

第2章　アメリカの非正規、正規労働者

1　ホワイトカラー層の観察から

キャリア初期の選別——専門職

アメリカといえば、非正規労働者乱用の国とおもわれている。「間にあわせの雇用 contingency employment」、「派遣 temporary help」の横行する国とみられている。職場の要、職長や課長まで非正規をすえるところすらある。Contingency とはもともとは「おもいがけない事情」などという意味で、contingency employment とはあえていえば「おもいもかけぬ事がおこり、それに対応するための間に合わせの雇用」であろうか。いまでは非正規労働者一般をいう。Temporary help とは、多分もとは臨時の手助けの意味か、いまは temp と略して、派遣などをいう。そして、そうした事柄に関する文献、調査報告は枚挙にいとまない。ぞくぞくとだされている。

だが、ここではもっと広く非正規を解釈してみる。そうはよばれなくとも、つぎの機能をもつばあいをも考察してみる。いわゆる非正規という呼称にとらわれず、ふつう正規とみられても、そこから安定しかつやや高度な仕事につく人材を、選別する機能をもつグループである。具体的にいわないと、ご理解いただけまい。なぜなら、高度な技能を要する人材なら、その組織ではずっと選別はつづくであろうから。

ここでは、キャリアのわりと初期に、具体的にいえば、二、三年からせいぜい六、七年までに、大きな壁があることだ。大きな壁とは、それをこえないと、解雇されるのである。米語でいえば tenure をとれるかどうか、である。Tenure とはもともとは保有するという意味で、労働面では「終身在職権」などと辞書にある。つまり、自分から辞めるのは自由だが、その組織が解散ないし破産しないかぎり、定年まで解雇されないことをいう。

いいかえれば、最初の二、三年、あるいは六、七年までに、上位の職に昇進できないなら、やめなくてはならない仕組みである。具体的には大学、法律事務所 law firm、会計事務所 accounting firm など、いわゆる高度専門職 professional のごくふつうのキャリアである。

大学も同様である。博士号をとり大学の助教授 assistant professor となる。そこで学生に教え、研究もする。しかし、准教授 associate professor、教授 professor、冠つき教授 chaired professor とすすむ道を約束されているわけではない、ということだ。なお、いまは associate professor もその半数ほどは tenure がないようだ。

いやそれどころか、いわゆる有名大学ではほぼ解雇される。幸運にもそのまま上位のポストにすすめるのは一〇分の一ほど、といわれていた。一九九〇年代はじめわたくしはスタンフォード大学ビジネススクールでサラリーを受け授業をうけもっていたが、同僚からそのような話をたび たび聞いた。その昇格率についての統計などは管見のかぎりではない。仄聞するに、銘柄大学ではせいぜい一〇分の一ていどといわれていた。

法律事務所なら、もちろん司法試験をとおって勤務する。最初は Associate につく。一流事務所 law firm であればあるほど、六、七年でほぼ解雇される。そのうえのポスト Partner にすすむ確率は、有名大学などとおなじく一〇分の一などといわれる。壁をこえられなかった人は、中小法律事務所に移るか、あるいは自分で小さな法律事務所をかまえる。スタンフォードのビジネススクールの教員の奥さんたちはわりと弁護士が多く、その話を聞く機会が結構あった。大きな法律事務所勤務もあれば、遺言や交通事故処理専門のちいさな自前の事務所をもつ人もあった。会計事務所、コンサルタント企業も似た状況であろう。いわゆる専門職のばあいは、ほぼこの伝統をうけついでいる。法律事務所についてエピソード風にふれるにとどめるのは、すばらしい研究、猪木［一九八九］がすでにあるからである。

事実上の「非正規」

そうじてキャリアの初期に、大きな壁ないし区切りがあり、それをこえないと解雇がある。それならば、まさに非正規の人材選別機能の具現そのものではないか。それを非正規とよばないのは、大学であればすでにドクターの学位をとり、法律事務所であれば司法試験をとおっているからだろう（ちなみにアメリカの司法試験の難易度は当時、日本よりはるかに低いようだ）[1]。だが、こうしたいわゆる社会的資格は、その組織の解散のばあいは別として、その事務所や組織で、その後の雇用を保障するものではまったくない。その点では、非正規労働者といったいどれほど違うのであろうか。

いいかえれば、いったん雇用継続か否かに注目して、人材選別機能を重視すると、アメリカではははなはだ広い範囲に事実上の「非正規労働者」が存在することがわかる。というと、いやアメリカは違う。外部労働市場が確立し広がっているからだ、日本とはまるで異なる、そう反論されよう。だが、専門職の場合、大学でも法律事務所でも、キャリア初期に解雇されたものは、より条件のわるいところへ移動するのが多く、外部労働市場を活用して上向していく、というのは少ないようだ。上向は tenure をとったあと、引き抜かれるばあいが多いか、におもえた。

こうした人材選別機能を考慮すれば、日米の微妙な異同がうかびあがる。日本は人材選別機能が比較的ブルーカラーの分野にまで広がるのにたいし、アメリカはホワイトカラー層に集中する。それはわたくしのかつて提示した仮説、日本の労働関係の特徴をしめす「ブルーカラーのホワイトカラー化仮説」と親和的である。

もちろん、アメリカにブルーカラー分野の非正規労働者がみられないのでは、けっしてない。

だが、さきの仮説の視野にたてば、ホワイトカラー分野、ひいては専門職分野にも探索をひろげないと、その特徴がつかめないであろう。

日本の専門職分野は、表面上その壁ないし区切りがはっきりしない。大学をとれば、実際は銘柄大学ほど助手（いまの助教）や講師でキャリアがとぎれる。テニュアがとれるのは、ふつうの学部で助教授（いまの准教授）からであろうか。医学部にいたっては助教授でもあやしかった。昇格率は大学や学部でさまざまだが、日本国内でも多くの大学につとめたわたくしの見聞からいえば、国立の銘柄大学ほど低い。ただし、その区切りないし解雇は表向きあまりでてこなかった。当時はれっきとした国家公務員である以上（フランスとおなじく）、本人の辞表提出以外、解雇の手続が面倒だからだ。もっとも実際上は、簡単に雇用が切れた。本人に辞表をだしてもらうのである。辞表がでないときは昇格はそこで止まる。「万年助手」である。その点の日米間の異同は、形式上の違いであって、実際上の違いは案外に小さかった。いわゆる大学改革の議論はこうした実際上の慣行をあまりふまえず、建前だけでなされた危惧がある。任期制の乱用などである。

投資銀行では

専門職業界とつぎにみる一般産業界のいわばつなぎの役として、投資銀行のばあいを記そう。資料は少なく、しかもその少ない資料をもちいた文章をわたくしはすでに書いている（小池［二〇一五a］第五章）。くわしくはそれにまかせて、ここでは、この本の焦点にあわせて書いておく。ただし、よるべき中心の資料の性質だけは、あえて重複をおそれず、記しておきたい。

おもな資料はEllis、斎藤訳［二〇一〇］とSmith、徳川訳［二〇一二］であって、いずれもゴールドマン・サックスをとりあげている。投資銀行の他社までふくめれば、少なくない文献があるが、こと人材にかんするかぎり、ゴールドマン・サックスにかかわるこの二冊が抜群にくわしい。しかも、この二冊の性質がかなり異なる。エリスの本はゴールドマン・サックスを歴史的にとりあげ、現状におよぶ。他方、スミスは二〇〇一年ゴールドマン・サックスに入社し、一二年勤続でやめた人物であり、自身の経験を中心に描いている。ひとつの事例につき、異質の文献を照合できるのはありがたい。

ただし、時点が少し違う。エリスの「現状」はほぼ一九九〇年代とみてよかろう。他方、スミスは二〇〇〇年代初期となる。だが、主要な指摘はほとんど共通し、まことに得難い。また、他行についての文献の指摘とも大筋共通する。ゴールドマン・サックスの事例を中心に、その人事の傾向を書く。なお、一九九〇年代初期勤務したスタンフォード大学ビジネススクールでの、わたくしの見聞もまじえる。

まず、きびしい採用過程がある。全米の銘柄大学、とくにビジネススクールを重視する。ハーバード、ウォートン（ペンシルバニア大学）、スタンフォードなどである。その大学のキャンパスにゴールドマン・サックスの職員が出向き、希望者に面接する。それはビジネススクールなら一年次と二年次の間の、三、四か月という長い学年休みの時期である。つまり卒業の一年前からはじまる。それはまだインターン参加者の選定にすぎない。だが、ごく短期の見学にちかい日本のインターンとはこと異なり、一〇週間と長く、その間本社で実際の仕事をするチームにくわわる。といっても、もちろん手伝うていどなのだが。チームとはたとえば、海外のある地域やある業種などをうけもつ、一五人ほどの規模である。

この長いインターンでほぼ採用がきまる。きめるのはチームのリーダーであって、人事ではない。これは米企業一般に共通する傾向とおもえる。

採用がきまって入社しても、すぐさま正社員というのではない。その説明には投資銀行の階梯、すなわち社内資格をざっと見ておく必要がある。ほぼつぎの階梯がある。Analyst trainee（新人アナリスト）—Associate または Analyst—Vice president—Senior vice president—Managing director—Partner—社長、会長である。採用されると、新人アナリストとなる。それは二年の期間で、まだ正社員ではない。その先に進むのは半数くらいと、スミスはいう（徳川訳［二〇一二］一一七頁）。正社員とされるのは、つぎの Associate または Analyst になってからである。

正社員になればあとは雇用が継続できるか、というとそうではない。まさに他の専門職組織とおなじく、七年以内に Vice president に昇進しないかぎり、解雇となる。つまりキャリアの初期六、七年に越えねばならない厳しい壁がある。それを越えないと雇用を継続できない。まさに専門職とおなじである。キャリアの初期に解雇があるという点で、非正規から正規への移行のきびしい選別過程とかわることはあるまい。

以上、アメリカのホワイトカラーの厳しい選別の一端にふれた。(2)

2 アメリカの一般企業のホワイトカラー

ホワイトカラー中堅層への人材選別——ある保険会社

以上はかつての専門職組織の伝統をひきつぐばあいであった。米一般産業のホワイトカラー層ではどうか。いわゆる専門職事務所と異なり、どの国の企業でもそこが一番わかりにくい。専門職事務所ならａ仕事内容からみたグループ、ｂ表向きの社内資格、ｃサラリーの grade がほぼ一致し、ｄさらにあるレベルまでに初期に昇格しないと、解雇される。その点でわかりやすい。ところが、一般産業の企業では、ａｂｃはもちろん実際には厳然とあるけれど、やや入り乱れる。しかもｄは明瞭ではない。そこで、くどいようだが、観察は具体的でこまかくならざるを得ない。

ところで、どこの国でもホワイトカラーが多いのは銀行と保険であろう。さいわいアメリカのある保険会社を尋ね、わりとくわしく話を聞いたことがある。わずか一日ながら午前午後と時間をかけて聞きとりできた。時点は一九九六年、本社人事担当役員（もと経理部長の経験がある）など、事情をよく知る二、三の方に、つぎつぎと心ゆくまで話を聞くことができた。ただし、一回かぎりの聞きとりは書かない、とのわたくし自身の規律によって、この事例を立ち入って書いたことはない（小池［一九九七］五一—五二頁に短い紹介がある）。当時の聞きとりノートと収集した文書によって、ここに記しておく。ただし、当時の聞きとりの焦点は、特急組の存否すなわち将来の上層管理職候補の存在の有無、また中堅ホワイトカラー層のキャリアの広狭にあった。非正規、正規が焦点ではなかった。とはいえ、その問題への示唆はすくなくない。

その事例は米南部に本社をおく。契約社員を別にして四〇〇〇名ほどの規模である。経理と人事の二分野にしぼって、かなりこまかく聞くことができた。ひとりひとりの名とポストを記入した組織図を見ながら聞いたのである。この二分野につき、ホワイトカラーの中堅層への人材選別に、日本の本工層とやや似た傾向が認められた。それを語ろう。時点は一九九六年、戦後半世紀たったのちである。他の調査がみつからず、やむをえない。

本社のフルタイム正規（regular）従業員数は一六〇〇人、ほかに臨時雇用もあるようだが、それは残念ながら聞いていない。また全米各地域に多くの支社があり、本社との間に移動もあるのだけれど、支社のことは聞いていない。以下、もっぱら本社に話をかぎる。

「サポーター層」supporter, clerk

本社、一六〇〇人はさまざまなグループからなる。グループの分け方は、およそつぎの三つか。ａ仕事の担当、ｂ社内資格、ｃサラリーの grade である。もっとも重要なａ仕事の担当からみていく。おおまかに三つのグループにわかれる。最上位はａ1経営担当層であろう。ｂ社内資格では Officer とよばれるが、一六〇〇人中の一〇〇人ほどというから、役員層というには多すぎ、まずは部長クラスにあたるか。なお、こうしたことばは、時代や分野によって大きく異なり、ここでは大まかに説明しておく。

ついで、ａ2「専門職層 professional」がいる。アメリカのこの企業ではそうよぶけれど、日本企業ならば、課長クラス、主任、またその候補者たちである。経理なら日本と違い、ＰＡ Public accountant など公的な資格を持つもの、あるいは近々その資格をとりそうなものをいう。ちなみに公認会計士と訳さないのは、取得が日本より大分やさしそうだからである。

ａ2専門職層は、ｂ社内資格ないしｃサラリー grade では、三〇〇人ほどの「イグゼンプト exempt」層と、「ノンイグゼンプト non-exempt」層の一部にわかれる。イグゼンプト層とは残業手当が一切つかない。もちろん残業はする。残業時間は記録されない。当時はほぼ課長クラスとみてよいかにおもわれる。この仕事グループのノンイグゼンプト層は、人数は聞いていないが、課長補佐、あるいは主任クラス、またその候補者たちである。経理畑であればＰＡ public accountant などの資格を持つ、あるいは近々その資格をとりそうなひとをいう。

その下に多くのａ3「サポーター」層がいる。社内資格では一二〇〇人ほどのノンイグゼンプト non-exempt の大半をしめる。これは残業手当がつく。当時はいまのアメリカと違って、イグゼンプト層がややかぎられていた。

このいわば下積みのａ３サポーター層が、くりかえしの事務作業を担当しながら、本社組織の中上位層の人材の選別機能もになっていた。中上位層とはおおまかにいえば主任、課長クラス以上か。そこへの選別はどの国のどの組織にもあるのだけれど、この保険会社の事例では、ａ３サポーター層はまことにおおらかな入口をもつ層である。その意味では、日本の本工層への登用もあり得る非正規に、似た機能をもつかにおもわれる。

そこでこのａ３サポーター層の採用をみる。門が広い。本社の採用窓口に日々応募してくる。米語で walk-in という。日に二五〜三〇人ほども応募がある。このなかから、英語すなわち日本ならば国語のテスト、また算数のテストをして、雇い入れる。まさに basic skill をたしかめ、採用するにすぎないようだ。ただし、採用者数はわからない。

というのは聞きとりがたりなかったからである。聞きとり時「Turnover が年三〇〇〜四〇〇人」という答えがあった。それをそのときは単純に離職者と誤解して聞きなおさなかった。聞きとりがすすむうち、それは補充者すなわち採用者も意味し、さらに社内での部や課間の移動者をもふくむらしい、とわかった。したがって、残念ながら「日々雇い入れ walk-in」の採用者数はわからない。だが、かなりの人数にのぼるようだ。とすれば、この本社の当時の従業員数からして、逆にすくなくない離職者があるらしいことが推測できよう。昇進できず下位に低迷する人はすくなくなく、あきらめて離職し他に職をさがすのではないだろうか。その点は、そのキャリアを見ていくと了解されよう。

その移動

「日々雇い入れ walk-in」の採用者たちは、さまざまな人たちを含む。高卒もいれば大卒もいる。大卒は当時四〇％ほどという。未経験者も他社経験者もいる。その人たちは、おもに総務部門の最下位の仕事につく。最下位とは、サラリーの社内資格 grade でいえば、最低の一五級である。この事例のサラリー制度はまさに当時のアメリカのホワイトカラーサラリーの典型で、最低一五級最高三〇級、つまり一六ほどの級にわかれ、当時の日本の職能資格数と大差ない。その最下位のポストの仕事内容を例示すると、海外郵便物の処理や、文書のファイル管理などである。

その後、社内、まずは総務部内で「掲示—応募方式 posting-bidding」によってよりうえの仕事へ昇進していく。posting-bidding とはアメリカの労働用語で、イギリスでは advertising とよぶ。内容はわたくしの知るかぎりおなじである。「このポストがあきました。必要条件はつぎのとおりです。……希望者はいつまでに応募してください。」こういう掲示が社内にでる。社外ではない。これを掲示 posting という。ただし、課内の空席はふつう課のなかでうめ、掲示しない。課内でうまらないとき、掲示される。人事の担当者がまず面接し、採用するかどうかの決定は、採用部署の長がきめる。アメリカではラインの人事権がつよいのである。なお掲示—応募といっても、初期はまず下位の仕事の多い総務部門のなかである。

より上位とされるａ2専門職部門、たとえば経理や人事部門などへの移動は、すこし話が違ってくる。手続きはやはり掲示―応募方式 posting-bidding である。ただし、ふたつの関門がある。ひとつは総務部門の下位からの応募者にはテストがある。数学の知識が多少必要なポストであれば、数学のテストがある、などである。

より重要なのは、総務部門の下位職務といっても、なかで比較的面倒な仕事をこなす職務についていることであろう。たとえばさきにふれたお客からの苦情の電話係である。社内のさまざまな部署に問い合わせて答えていく。そうしたことで会社の業務をよく知るようになる。そうであれば、専門部門の社内募集をパスしやすい。

ａ2専門部門にあがると、たとえば人事部門をとれば、まず従業員の苦情処理課の窓口や、訓練課のサポート役つまり補助の仕事についたりする。その課のなかなら、うえがあけば昇進も可能であるし、課をこえての移動ならば、掲示―応募方式を活用して主任クラス、ときに課長レベルまで昇進できる。すなわち、当時の exempt の下位まで昇進できる。だが、そのうえのレベルとなると、別のふたつのグループが主流となる。それをつぎの項で説明しよう。

それにしてもこうした人材選別手続きであれば、なかなか昇格できない層が当然に生じよう。そうした人たちは、あるいはあきらめて離職していくのであろうか。その数値は聞きとりで確かめていない。だが、このおおらかな採用方式からみて、去ってつぎの機会を探す人も、すくなからずでてくるであろう。あるいは腰をすえてサポーター層の仕事をこなす人も少なくないだろう。

解雇の可能性はどうか。専門職組織では、ある期間までに昇格しないと、解雇はさけがたかった。このサポーター層は一見そうではない。明示的な雇用期限はない。だが、それは雇用保障ではまったくない。このサポーター層、あるいは事務員層は解雇にはよわい。ブルーカラーの先任権の逆順ではないけれど、その解雇はブルーカラーの先任権と、より上位のホワイトカラーの希望退職のミックスにおもわれる。それなら、いったん景気がわるくなれば、当然に解雇はある。それも「希望退職」要素すなわち査定が考慮されるぶん、選別機能があろう。

専門職事務所や、ブルーカラーほどの明瞭な解雇の明示はないけれど、その可能性が中上位のホワイトカラーよりも多い、とみて大過なかろう。ここにも事実上の解雇の可能性、すなわち非正規に近い存在がみてとれる。

「専門職層」

しかしながら、より上位のａ2専門職層へ選抜される人も、無視できるほどの少数ではない。統計数値はないけれど、大まかなところでは、ａ2グループのほぼ三分の一をしめるようだ。もっともａ2グループの中枢のポストではなくて、その中堅ポストにとどまるかにみえた。たとえば経理でいえば、代理店への支払い担当や、社内のカネの出し入れなどであって、経営方針、政策にあまりかかわらない。

三分の一ていどというのは、結局三つのグループがあるからである。大卒新卒あがりの育ち、同業他社からのベテランのひきぬき、そしてサポーター層からの昇格組である。この話を理解してもらうには、専門部門のスタッフをもう少し説明しなければなるまい。

サラリー grade では「イグゼンプト exempt」層が多い。「イグゼンプト」とはもともとは除外の意味で、労働基準法の残業手当をはらうべし、との規定を免除するポストである。それは残業をしないことをまったく意味しない。長時間働くが、残業代はでない。いまの日本でいえば課長クラス、管理職以上となる。当今のアメリカではもっと広く適用され、まず大卒新卒でも正規社員であれば、trainee がおわると exempt となろう。この事例はいまのアメリカより exempt の範囲がせまく、日本にやや近いか。

その状況はサラリーでみると、もっと理解しやすい。この事例のサラリーは、小池［二〇〇九］第三章、また小池［二〇一五 a］第一章で説明したアメリカのホワイトカラーのサラリーの典型例である。職務ごとの一本のサラリーではなく、社内資格 job grade または pay grade ごとの範囲給 range rate である。さきにもふれたように、この事例の当時のサラリーは、社内資格給で一六の級にわかれ、最低を一五級、最高三〇級とする。ただし、金額は二七級までしか表示されない。そのうえの officer たちのサラリー額も表示されない。社内で回覧される文書に掲げられていないのである。

表示されている範囲で具体的な数値をしめそう。表示の最高級二七級をとる。その範囲給の最低は三万九〇〇〇ドル、上限は六万八五ドル、下限を一〇〇とすれば範囲給の大きさは五四％となる。この範囲給の間、アメリカのごくふつうのサラリーのように、査定つきの定期昇給であがっていく。しかも、日本の通念とは大違いで、重複度は大きい。ある社内資格の範囲給の下限と直近上位の下限との差はほぼ一〇％、すなわち大幅にかさなっている。

イグゼンプトは二四―三〇級、うち役職でいえば二層にわかれる。課長 managers クラスは二七―三〇級、その下の主任 supervisor クラスか、それが二四―二六級となっている。だが、このクラスになると、下からの層とは別の労働者グループが主流となる。別のグループはふたつある。(イ)ひとつは同業他社経験のベテランであり、(ロ)他は大卒新卒採用者である。断然前者が多いが、日本との対比をふくめ、後者から説明しよう。年に二〇人前後を採用する。本社従業員数の一、二％にすぎないけれど、まったくの例外とはいえまい。エリート候補を採用するとすれば、当然の数値であろう。

人事畑のばあい

人事畑と経理畑にわけて、具体例をみる。まず人事畑を一瞥する。かれらは、大卒新卒であれば最初から専門部門に入る。ほぼ一九―二〇級の職につく。人事でいえば、たとえば「サラリー分析 compensation analyst」の見習 trainee や、福利厚生担当 benefits administration の見習となる。なお、このころ福利厚生は大きな課題を抱えていた。企業年金で労働者負担を多くするよう変える、などの問題である。それで新規大卒の配置があった。すくなくとも二年間は見習 trainee のままである。そのあとはおなじ課の直近上位のポストにすすむ。つまり compensation analyst なり、benefits analyst へと昇進するのが通例という。

その後は同じ人事部門のなかの別の課へ移動する。これは「掲示—応募方式 posting-bidding」によるようだ。そうした移動、経験の幅を広げることは奨励されている。もっとも別の部門をも経験する人は、三分の一ていどと少数になる。だが、移動した人ほど、より上位に昇進する。その一例が人事部長で長年経理にいた。人事部長のような officer、また officer でなくとも社内資格二八級前後となると、掲示—応募はない。移動は会社の指示となる。

もうひとつのグループは同業他社経験者の採用である。ただし、人事ではそれは多くなく、おもに経理部門にめざましい。経理部門をみよう。

経理部門のばあい

経理部門のなかでもっとも重要とされているのは、つぎのふたつの部ないし課である。ひとつは財務諸表の担当部、他は長期の財務計画を策定する部である。前者については説明する必要があろう。というのは、日本なら財務諸表は、これまで日本の税務など官庁をふくめ国内関係各所に提出するものでよかった。それゆえ、その作成の基本方針はもっと上位の役職できめられるにせよ、実際の財務諸表の作成作業は、それほどの重みをみせなかった。

ところがアメリカでは、財務諸表の作成、その報告類の作成のルールは、州によって微妙に異なる。それに留意して財務諸表を作成しなければならない。まして海外当局への報告がくわわる。その点はいまの日本も同様で、やはり各国の機関にたいする報告が重視され、多様な技術をマスターするようせまられていくであろう。とにかく、うえの事情によって、財務諸表の作成はまことに重要な仕事とみなされている。財務面からの長期計画策定の重要性は、説明するまでもあるまい。

他方、日本企業の経理の重要分野、管理会計の比重は、アメリカのこの事例ではやや低いようにみられた。日本なら、経理面からの経営事業の分析、とくに原価管理、その予算と実際の数値とのかい離の分析、その原因の分析こそ大事とされる。ところが、ここでは製造業ではないからとの理由で、原価管理の仕事を担当する中堅層の重要性は高くない。その代わり財務面からみた経営業績の査定が大いに重視されているのだ。はるか上位の部長、Senior vice president の仕事とされるのである。なおこうした職位の表示は、時期のみならず企業によって大きく異なり、とても訳せない。

この財務会計の課メンバーの地位は高い。Officer とおもわれる Second vice president、さらに下の課長クラスもサラリーの級の掲示はないがおそらく二八—三〇級か。その下に二六級二名、二五級三名、二四級二名しかいない。つまりすべて exempt か Officer なのだ。それは財務計画の課でも同様で、Second vice president のもと、三人しかいない。二六級、二五級、二四級である。

こうした重要な課をもつ部長は、すべて同業他社からの採用である。また課長クラスのかなりも同様である。これらが同業他社経験者のグループである。

この同業他社経験者たちは、とりわけ経理畑では、いまや部長クラス、その上位者の大半をしめる。そしてＰＡ（public accountant, 公認会計士）の保有者である。ここで公認会計士の訳をさきにださなかったのは、日本の公認会計士よりはるかに取得しやすいからである。肝心なのは、他の保険会社で六、七年以上の経験者をスカウトする、ということになる。それは人材スカウト会社に依頼する。もちろん採用決定者は人事ではなく、その経理のラインの長である。

いくつかの事例

その例をいえば、語り手の人事担当役員は長年経理の、それも財務諸表部門のトップであった。かれの経歴を聞けば、まず八年ある会計事務所につとめ、ＰＡ（公認会計士）を取得した。おもに財務会計畑であった。その後八年、大規模な多国籍企業の財務畑で勤務した。その企業は銀行も保険業務もおこなっていた。そのあと、この事例に移動した。この事例では経理、それも財務会計、財務諸表の畑を管理してきた。のち人事をも統括するポストについた。

財務会計担当の Second vice president（しいて訳せばこのばあい部次長クラスか）は、他の保険会社に六年勤務、そこで下位の仕事からおもに財務会計、それも財務諸表作成関係の畑をあるいてきた。この事例に入って七年になる。管理会計の課長は、この事例に入って六年、そのまえに他の保険会社に五年の経験がある。すべてコスト管理の畑である。財務計画担当の Second vice president は七年他の保険会社につとめ、のちこの事例に七年、ずっと財務計画の分野である。

つまり同業他社からの経験者が上位の職をしめるが、そうしたひとたちは経理のなかでも狭い分野で一貫している。その理由を聞くと、そうした経験を買って、移転してもらったのだという。とすると、いくつかの疑問がないわけではない。

より上位の役職につく人材の確保である。ひとつは、話し手の人事担当役員のように、この事例で経理をこなし、のち人事に移るというキャリアであろう。だがそれは少数派だという。とすると、仕事経験の幅狭い外部人材の偏重は、やや幅ひろい人材の形成をさまたげる傾向があろう。むしろ多くの日本企業のように、おなじ経理畑をとっても、管理会計、財務会計、国内子会社、海外子会社の全面的な経理面をみる、というキャリアの優位性を思わざるをえない。

経営中堅層の三つのグループ

とはいえ、ここは経営エリートを論じるのが主眼ではない。経営の中堅層の三つのグループをたしかめておかねばならない。もとの視点にかえり、経営の中堅層の人材に焦点をおく。おおよそ三つのグループが析出される。

第一、とくに経理を中心とする同業他社からのひきぬきグループである。このグループが経理を中心に上位の職をしめる。米企業の経営における経理、財務の優勢をおもえば、その優勢がさらに経営上位にも及ぶ確率は高いだろう。

第二、新規大卒ないし若手採用の自社育ちグループが、少数ながら、やはり上位にすすむ。経験する専門の幅をややひろげ、将来の経営者の形成をはかる。

第三、経営中堅層の三分の一をしめるのは、最下位の「サポーター層」からの昇格である。社内掲示―応募方式でのし上がってきたひとたちである。ただし、この人たちは、なるほど中堅層の三分の一を占めるけれど、中堅層でも上位の職につく確率は小さい。

しかしながら、経営中堅層の少なからずをしめている。おおらかな日々雇い入れの採用のサポーター層からも適材を選び、中堅層の肝要な一部にしていることがよみとれる。社内での掲示―応募方式で人材を選別していく部分がうかびあがってくる。それが注目される。それは非正規とはよばれないけれど、米ホワイトカラー中堅層の人材選別のひとつの重要な姿ではないだろうか。

3 アメリカのブルーカラーのばあい

先任権――勤続の逆順

アメリカのブルーカラーは、ホワイトカラーほどの厳しい選別過程はみられない。とりわけ労働組合が存在するところでは、選別機能はほとんどない。そのかわり雇用調整機能を一手にひきうける存在がある。さまざまな現れ方があり、そのひとつ「レイバープール labor pool」は序章で短くはふれた。ただし、プールのあるところは、ほぼ装置産業つまり鉄鋼、石油精製、化学などの分野になる。それ以外の一般製造業では、プールはなく、先任権の働きがある。先任権とは seniority の訳で、先に任じたものを優先する慣行である。

ホワイトカラーは別として、ブルーカラーについては、すくなくとも労働組合の存在するところでは、先任権のつよい働きがある。労働需要が減少したとき、その職場その部門の雇用を減らす手続きが、事業所別なり企業別の労働協約にこまかく記されており、しかもわたくしが一九七〇年代から九〇年代にまわったアメリカの事例ではどこも、ほぼそのとおり実行されていた（小池［一九七七］、同［一九九四］第四章）。

その慣行とは、ふたつにわけて説明する必要があろう。第一、先任権の逆順という原則であり、第二、その原則の実施手続きとその適用範囲である。先任権の逆順とは、その職場のなかで、もっとも入社年月日のおそいものから解雇されることである。"first-in, last-out" として知られる。組合があるかぎり、成績査定が日本と違ってブルーカラーにはまずないのだから、成績による解雇ではない。まさしく勤続の逆順に、機械的に解雇されていく。日本が自国の労使関係を「年功制度」というのはまるで見当ちがいもはなはだしいのであって、解雇の順序は日本ではブルーカラーもホワイトカラーと同様勤務成績によるところが大きい。それに対し、アメリカのブルーカラーは真逆、勤続の逆順なのである。まさに「年功制度」そのものなのだ。

第二、手続きと適用範囲とは、いささか微妙で複雑な事情を意味する。ある製品の需要が減ったとする。その減少度が四分の一ていどまでは、労働時間の短縮で対処する。つまり、当時ごく一般的であった事業所別の労働協約の規定では、週労働時間が三二時間未満の状態が四週間以上つづくとき、経営は解雇を開始できる、というのであった。一九七〇年代の話である。残業を考えると、当時週労働時間が四〇時間制であったから、減少が四分の一ていど、といったまでである。日本とまったく違うのは、労働組合との交渉なしに、企業は解雇を開始できる。

その適用範囲が微妙なのだ。需要が減った職場なら、さしあたり、うえの規定どおりである。だが、解雇の順番にあたるものの勤続が長いと、たとえば五年以上の勤続であると、需要が減らないとなりの職場で、自分より勤続の短いものへ解雇をまわすことができる。「押しのけ bumping」という。その範囲と、その雇用の優先権の範囲がやや込み入っているのだ。そのくわしい説明はここでは省く。

そこでは人材選別の機能がはたらかない。その意味では、日本の非正規労働者といささか異なる。だが、いまや労働組合の存在はアメリカでは大いに縮小した。労働組合がなければ、人材選別の機能も多少とも働こう。その意味で日本にやや近づいたか。

スーパーのパート

うえの例は製造業中心の話であった。三次産業でも労働組合があれば、ほぼ同様な傾向が認められる。パートから正規労働者への途である。

それについては見事な調査研究がある。郷野［二〇〇七］（初出は一九九五年）である。もっともその調査研究の主眼は、労働組合の組織と機能の分析、とりわけ産業別レベルの組織と企業や事業所別の組織との分業の解明にあって、パートの分析ではない。だが、スーパーマーケットの分野でアメリカ最大の産業別労働組合ＵＦＣＷ United Food and Commercial Workers International Union をとりあげる。しかもそのローカル二つとそのローカル傘下の大手スーパーの職場をたずね、一九九五年聞きとりをおこなった。そのスーパーの組合員の多くをしめるのはパートなのである。

この産業別組合は一九九五年時点で組合員一四〇万、うち一〇〇万が小売関係、その大半がスーパーなのだ。その機能の中心はローカルにある。やや遠まわりかもしれないが、わかりにくいローカルから説明しよう。ふつうアメリカの労働組合でローカルとは、日本の通念に反し事業所レベルの組織をいう。だが、このＵＦＣＷのローカルは、一般組合 general union チームスター Teamster と同様、地域別の組織である。たずねたふたつのローカルとはワシントンとシカゴ、まことに大きく、ひとつの州ないしさらに広い地域を管轄範囲とし、それぞれ三〜四万人の組合員をかかえ、その地域の大手スーパーのほとんどを傘下におさめている。だが、日本の通念にしたがい誤解してはこまる。その実際の機能は企業別の交渉で、賃金も労働条件も企業ごとに異なる。

いまパートに焦点をすえる。それぞれのローカルの傘下大手スーパーのばあいを念頭におく。ローカルのみならず、企業によってこまかい数字は異なるが、大半はパートである。正規労働者とパートの割合は、店にもよるが、ほぼ二対八が相場のようだ。店の正規労働者で店頭に立つものは、まずパートとして採用される（二一七頁）。

そのパートから正規労働者に昇格する。その手続きは、つぎのふたつのようだ。第一、勤続順である（二一七頁）。すなわちアメリカの生産職場で一般的な先任権によっている。第二、パートの労働時間が長くなったときである。たとえば週四〇時間労働が六週間つづいたならば、そのポストは正規社員にすべきだ、との慣行である。このふたつのうちいずれが優先するか、またその慣行のつよさなどは、この研究は明示的にはふれていない。おそらくは、つよい慣行とおもわれる。アメリカの労働組合がある製造業職場をみるかぎり、勤続順という慣行はきわめてつよいからである。その意味では、正社員への人材選別機能はうすい、と見ざるをえない。製造業はじめアメリカの労働組合分野の一般的傾向に沿うものといえよう。

しかしながら、周知のようにアメリカの労働組合組織率は大幅にさがり、いまやごく少数派となった。組合のないところでは、非正規労働者が正規への人材選別機能をになっているかどうか、それについての研究を寡聞にして知らない。

第3章　製造業の生産職場

1　一九六〇年代半ばの臨時工

貴重な資料

この章では日本にもどり、まず自動車産業の生産職場をとりあげる。というのは、一九六〇年代半ばごろの「臨時工」につき、他ではみられないほど良質な資料があるからである。さきに一九五〇年代半ばの造船をみた。それにつづく時期の見事な資料と考える。

良質な資料とは田中［一九八二］である。とりわけそこで掲げられた複数の表である。自動車メーカーに一九六〇年代半ばに入社した人たちの貴重な数値がある。それは他でもとりあげたが（小池［二〇一三］一五三―一六三頁）、今回は視点が違う。前にとりあげたときは、働きを促すインセンティブが焦点であった。アメリカや西欧の労働組合のある職場とはまるでちがい、日本では生産職場のブルーカラーも、「本工」すなわち正規労働者になると査定がある。査定があれば、日本は「年功制」とやらの通念とはまるで違い、いかに職場では個人間競争が激しいものか、それが焦点であった。

この文章の視点はあくまで非正規労働者問題にある。それについても、まさに他ではなかなかみられない資料なのだ。貴重な数値とは、非正規労働者のその後の状況、どれほど正規労働者に昇格したか。また正規労働者に昇格した後、順調に昇進していったか。つまり、最初から正規労働者として採用された人とくらべ、その後の昇進でどれほどの差があるか、それがある時点についてわかるからである。日本の大企業は戦後「就社」つまり、新卒で入社しそのまま勤めつづけるのが主流で多数との通念を、まるでくつがえす数値なのである。

そのもとの資料は、一九八一年時点で三五―三八歳のトヨタの正規生産労働者数である。しかも、年齢一歳きざみで、それも新卒正規入社者と、元臨時工など非正規出身者別に表示する。さらに、その人たちが入社した時点――新卒正規入社なら一九六三―六七年、それ以外はやや遅い入社年――の採用数が、非正規と正規別にあるていどわかる。それらの数字から、非正規労働者がどれほど正規労働者に昇格したか、それもかなり見当がつく。さらに、三〇歳代後半という、役付工への昇進にとって貴重な時期につき、正規採用者、非正規出身者別に、その社内資格が表示されている。こうした資料は他になかなかないのだ。

どうしてこれほどの資料が公刊されたのか。トヨタの元人事担当常務山本恵明に労働省のキャ

表 3-1　非正規出身者と正規入社者

1981 年時点の正規在籍者					各年次の採用者		
	入社年	(1)新卒正規入社者（人）	(2)非正規出身者（人）	(3)非正規出身者の割合（%）	(4)新卒正規入社者（人）	(5)非正規出身者（人）	(6)非正規出身者の昇格率（一試算）(%)
38 歳	1963	217	556	71.9	*809	4,869	11.4
37 歳	1964	374	388	50.9	*1,677	6,606	5.9
36 歳	1965	626	156	19.9	2,406	2,792	5.6
35 歳	1966	861	158	15.5	1,180	4,559	3.5

注 1）＊印の人数は養成工を含んでいない。
2）(3)＝(2)／{(1)＋(2)}，また (6)＝(2)／(5)。詳しくは後述本文参照。
3）「一試算」の意味は後述本文参照。かなりの過小評価があるとおもわれる。
出所）田中［1982]，(1) (2) は 9 月号，38 頁，(4) (5) は 8 月号，67 頁より。

リア、元労働経済課長田中博秀が三回にわたり話を聞いた。『日本労働協会雑誌』の三号にわたり、あわせて五〇ページ余にもおよぶ面接記録をのせた。しかも話ばかりではない。田中は面接のまえにトヨタの職場で話も聞いてきた。さらに、個別企業についてはほとんど公表されないような数値を、かなりくわしい表にまとめ掲載した。表は会社側が作成し、田中に提示したとおもわれる。会社側でないと、とても作成できない詳しさである。キャリア官僚の要請でもなければ、とても公表しない数値であろう。このうえなく貴重といわねばなるまい。

表3-1は、そこからわたくしが作成したものである。三〇歳代後半の正規労働者のうち、非正規出身者の割合、また非正規出身者の正規への昇格率をしめす。

めったにない数値をしめす表であるために、くどくて恐縮だが、この表の作成方法を説明しておく。

というのは、なお不鮮明な部分もすくなからず残っているからである。うえの表3-1は、会社側が提示したふたつの表から作成された。ひとつは一九八一年時点での正規在籍者の、採用経路別の人数である。他は一九六〇年代の、採用経路別の採用人数である。まず前者から語ろう。

一九六〇年代半ばの入社

もとの表の数値、すなわち上記表3-1の⑴と⑵は、一九八一年時点での三五—三八歳の生産労働者在籍者につき、一歳きざみの採用経路別の人数である。まず入社年次に注目する。採用経路別の割合は年によってかなり変わるからである。その変化の理由はおもに労働需給にある。その点はのちに説明する。一九六〇年代労働需給は大いに動いた。それゆえ、いつごろの入社かが注目されるのである。

ただし、表3-1が掲げる入社年次は、もとの表に記載されていない。表3-1の入社年次は正規入社者につき、わたくしが想定したものである。わたくしの想定の手続きはまぎれのないものではない。ただ大筋妥当か、とおもっている。歴史と名乗る以上、くどいようだが説明しておく。

新卒正規入社でも高卒か中卒かで、当然ながら年齢がおなじでも入社年次が異なる。この時期、日本では一般には両者が各企業で混在していた。トヨタは一九五七年高卒のブルーカラー採用を「本格的に」はじめた（田中［一九八二］八月号、六六頁の山本の言明）。一九六二年には全面的に高校卒とした。それゆえ、一九八一年時点で三五―三八歳の人は、一八歳採用として表3-1の入社年次を想定した。もちろん、多少の誤差はあろう。とくに三七、三八歳の誤差は小さくないだろう。

さらに、やや厄介な問題がある。いわゆる「養成工」の扱いである。トヨタは戦前創立当初から「養成工」制度をもっていた。トヨタでは一九八一年時点で「トヨタ学園」とよんでいた。その入学生数の記載はややおくれた時期から田中［一九八二］八月号、六七頁にある。問題は、その人たちの入社年次をいつとみるか、それがはっきりしないことだ。当時の学園は中学新卒入学であった。そして修学年限は三年か。ただし、いつからトヨタの社員とみるのかがはっきりしないのである。学園入学のときからか、それを修了してからか。たぶんトヨタの方針は、高卒新卒と表向きは同等の待遇ということだから、トヨタの社員となるのはほぼ一八歳、高卒のばあいと同じとみておく。その仮定にしたがえば、トヨタへの入社年次はこの表の表示となる。

もっとも、年次別の正規入社者の算出が厄介になる。学園の在学年数を三年とすれば、元の表の学園入学者数は、三年後の高卒新卒と合計しなければならない。ところが、学園入学者数は元の表では、ある時期以降の記載にとどまる。それでうえの表3-1では、一九六五年以降は両者を合算できた。ただし、六四年以前は高校新卒採用の数字しかない。＊印をつけて区別した。

こまかいことをいえば、学園卒になお微妙で不明な点がのこっている。勤続は学園在学時も通算されるのかどうか。学園出身者は表向き高校新卒採用と同等とみなされるので、さしあたりそうみておく。うえの表では勤続をみないし、高校新卒とおなじとみてまず大過ないだろう。

こうしたことが生じるのは、「養成工」の制度がよく変転したからであろう。戦時中の青年学校の一部から、「養成工」、つまり企業内の訓練施設、さらに文部省の認定する高校へと変わった。そのため、はっきりしないことが少なくない。だが、実際の企業内では、学園卒は高校新卒採用より一段上とみなされてきた。労働組合のトップを占めることも多かった。ブルーカラーのいわばエリートたちなのである。

では非正規労働者の入社年次はどうか。一般的には「臨時工」とよぶ存在が多い。トヨタでは「期間工」などとよぶようだ。そのなかには、数年他社で働いた人もあろう。したがって入社年次は、おなじ年齢ならすこし遅くなろう。

そのほか自衛隊除隊者がいる。かつては臨時工で採用していたが、その人たちの本工昇格試験の成績があまりによいので、一九六一年以降最初から本工に採用するようになった。それでも田中［一九八二］では新規学卒本工採用と区別しており、表3-1では非正規労働者と合算している。自衛隊入隊の一期目の契約は二ないし三年だから、うえの表の入社年次より二、三年はおくれるであろう。それだけ勤続年数も短くなる。以上のことを含んで、表からなにを読みとることができるか。

わりと多い非正規出身者

一九八一年時点で三五―三八歳の正規労働者のうち、非正規出身者の割合をみる。表3-1の(3)欄である。まず、ここでみる三五―三八歳層の意味を強調しておきたい。働き盛りである。のみならず、まさに班長、組長という役付工への昇進の大事な時期である。班長とは自分もラインにはいって働く。一〇人ほどの労働者のリーダーである。「組長」はふつう職長といい、二〇―三〇人ほどのリーダーで、ラインに入らない監督者である。この年齢層はまさに、役付工へ昇進する人、その見込みのうすい人の選別がある。そのもっとも重要な時期の、非正規出身者の割合をみることになる。表からなにがわかるか。

第一、三七、八歳層では、おどろくほど非正規出身者の割合が高い。三八歳ではじつに七一・九%、三七歳でも五〇・九%と過半を非正規出身者がしめる。ところが、三五歳、三六歳では一転してごく少数派となる。三六歳層は一九・九%、三五歳層は一五・五%である。時があたらしいほど、急激にさがっている。いったい、これはなにを意味するのか。会社の方針がかわったのか。それとも、環境条件が変わったからか。

答えはおそらく後者、環境条件の変化による、とわたくしは考える。環境条件とは、ここでは労働の需給状況である。周知のように、敗戦後日本経済はほとんど崩壊した。当然に労働需給は猛烈にゆるんだ。極度の人手あまりである。その後、日本経済に波はあったが、さいわいにも伸びつづけた。その結果、労働需給状況は激変した。一九六〇年代末には人手不足となった。

労働需給状況を、わたくしの知るかぎり、もっとも直截に反映する統計指標は「求人求職倍率」、より正確にいえば「有効求人求職倍率」である。求職とは職業安定所つまりハローワークに職をもとめて登録する人の数、求人とはおなじく職業安定所で人をもとめて登録する会社の、必要人数である。「有効」とは前三か月のつみ残しをもみることをいう。本来、この職業安定所の数字は、不熟練労働者中心とみなされてきた。それは間違いない。さらに、トヨタにかぎらず日本の大企業は、求人にあたり職安に頼ってはいない。その数字を重視してよいか。よい。なぜか。

古典的なリーダーの法則

不熟練労働者の需給状況は、一般の労働需給をもっともよく反映するからである。それは労働経済学の古典的な研究からもいえる。かの有名なリーダー（Melvin W. Reder）の法則である。一九五五年というはるか昔、労働需給は不熟練労働者層の動きにもっともよくあらわれる、との理論を提示した（Reder［1955］）。アメリカの状況、とりわけその生産職場の先任権の機能をもとにした説明である。

いま需要が四分の一減ったとしよう。その対応の仕方を先任権が支配する。さきにも説明したように、先任権 seniority とは勤続の長い人を優先する、アメリカのつよい慣行である。具体的にいえば、その職場でもっとも勤続の長い労働者が、職場の賃金最上位の仕事に、四組三交代ゆえ四人ついているとする。その四人のなかでもっとも勤続の短いものが、その職場の一段下の仕事にさがる。その下ではふたり余ることになる。そこで同様に勤続の短い二人がさらに下にさがる。こうして需要の減った分だけ職場内の下位の仕事にうつる。勤続の短い労働者、不熟練に近い層は企業外へ解雇される。他方、需給が回復すると、こんどは勤続の長い層は、職場でもとの上位の仕事にもどるだけとなる。そして下位の人は企業内では人がたりず、企業外から採用する。それゆえ労働需給は不熟練労働者にもっともよくあらわれる、というのだ。

以上はアメリカの生産労働者の先任権という特異な慣行をもとに説明している。ところが先任権などがとぼしい西欧や日本でも、この理論はよくあてはまる。それというのは、企業が人を採用するばあいや、需給への対応の一般論としても展開できるからであろう。技能の高い人を不況だからといっていったん手放すと、今度需要が回復したとき、その職種の採用に難渋する。技能の高い人はほぼ他社に職をみつけている。やむなく、まだ技能の低い人を採用して育てようとする。だが、高い技能を形成するには時間がかかる。すぐには間に合わない。のみならず、その高い技能を身につけるのにふさわしい素材かどうか、それをみきわめるのに手数がかかる。コストがかかる。だから、労働需給が悪化してもなるべく企業内にとどめておく方が効率的だ。他方、不熟練に近い層は、技能を高めるまでもないし、その素材かどうか時間をかけて分別するまでもあるまい。こうした説明となる。まことにもっともで、以後半世紀以上、多くの先行国で実証されてきた。

極度の人手不足

この非正規の割合の激変は、うえの理論を応用すればよい。すなわち環境条件の変化によるとするなら容易に説明がつく。日本全体の労働需給の激変である。一九五〇年代前半、求人求職倍率は〇・二や〇・三という低さであった。それがしだいに上昇してくる。もちろん波を打ちながらではある。それが一、すなわち労働需要が労働供給とならぶのが日本全体では一九六七年、以後さらに一九七三年の第一次石油危機まで急速にあがる。最高は一・四まで達した。

それは日本全体の話である。トヨタのある愛知県、なかでも刈谷、豊田地区の状況ははるかに上回った。もっと前に一となり、とりわけ刈谷、豊田地区の労働需給のひっ迫はすさまじかった。一九七〇年から一二年間名古屋地区に勤務在住したものとして、その状況はつよく実感した。

その結果、なにがおこったか。臨時工の名では、たとえトヨタといえども、あるていどのレベルの労働力の応募がない。それならば、そのレベルの労働力を確保するためには、最初から本工として募集し採用するほかない。形としては「臨時工」ではなく「試用工」として採用することになる。

この試用工ということばにも、幾重にも誤解がつよい。試用工とは日本であれ、アメリカであれ、最初の試みの雇用期間であって、アメリカなら九〇日が相場だが、その期間内に不適格と企業が判断すればすぐに解雇できる。ところが日本の労働法では、「試用工」の解雇を事実上むつかしくする判例がつぎつぎと出現した（その説明はたとえば小嶌［二〇一四］四二―五三頁）。

そうしたことを知ってか知らずか、かつての臨時工は日本では「試用工」という状況であった、という見解すらでてきた（中部産業・労働政策研究会［二〇〇四］）。つまり臨時工は大半本工に昇格する、とおもいこんでいる。その点で二〇〇〇年代の非正規労働者とは違う、という議論を提示する。ふつうの見解――臨時工はあまり昇格しないという通念――その逆をこんどは強調しすぎた議論である。実態をふかく追及した事例につき吟味する。

臨時工の昇格率

表3-1は臨時工の本工昇格率の一試算をしめす。表の(6)欄である。一試算というのは、うえにみた三〇代後半層での非正規出身者のかなりの割合からみて、すくなからぬ過小評価がある、とおもわれるからである。まず、その試算手続を説明する。表の(2)欄から、たとえば一九八一年三八歳の非正規出身本工在籍数五五六人をとる。それを(5)欄の一九六三年次の非正規採用者数四八六九人でわった商である。

試算というのは、具体的にいえばまず、一九八一年三八歳の非正規出身本工は、一九六三年採用とはかぎらないからである。たぶん順調にいっても一年近くはおくれるであろう。自衛隊除隊者なら二、三年おくれる。ここでは自衛隊除隊者も、新規学卒でないとして、非正規に入れている。とはいえ、人数が多いのは自衛隊除隊者ではなく、それ以外である。この人たちがどれほど遅れるか、たよりになる数値がない。よい人材ならあまり期間をかけずに本工に登用しよう。それを一年以内と仮定して、実態とのあるていどのズレを承知のうえで、そのまま比率を算出した。おおよその傾向をみるほかない。

ズレを承知で昇格率をみよう。それが表3-1の(6)欄である。それは高くない。一九六三年入社で一一・四％、あとは大きくさがる。六四年で五・九％、六五、六六年では五・六％、三・五％となる。時期があたらしくなると、数値は減ってきた。その理由はさきにみた労働需給状況の逼迫による。労働力不足により、臨時工の名ではよい人材が応募しなくなったのであろう。

過小評価

その時系列の変化とはべつに、この数値を過小評価というのは、さらにいえば、つぎのふたつの理由による。

ひとつは、さきに仮定した入社年次のズレに、過小評価の可能性がある。臨時工に採用されてから本工への昇格は、なるほど一年以内が多いであろう。経営側も優秀な人ははやくあげようとしようから。だが、入社年次の遅れは一年ではすまないであろう。他社に一、二年働いていた人もあろう。とすれば、かりに一九八一年三八歳の本工で臨時工出身者五五六名が二年で昇格したとする。そのとき競争相手となる新卒正規本工採用者は、三八歳の二一七名ではなくて、三六歳の六二六名となる。さまざまな条件があるから一概にはいえないが、新卒正規採用者からの競争がより大きい、とみるのが自然であろう。それだけ、昇格がきつくなる。きつくなった結果が一一・四％という昇格率であった。もし、三八歳の二一七名との競争であれば、昇格の可能性がより大きかったろう。それを過小評価の可能性というのである。

もうひとつの理由は、非正規のすべてが正規昇格を望んだとはかぎらない、ということである。もともと短期の職を望んでいた人もあろう。あるいは入社時は正規昇格をのぞんでいたが、初期の仕事をつらいと感じ、その希望を捨てた人もあろう。そうした人たちがどれほどかは不詳だが、労働力不足の時代を考えれば少なくないだろう。

というのは、労働需給の逼迫期、一九六〇年代末から七〇年代はじめ、生産労働者では新卒正規入社でも最初三年でまず半分近くは離職する、というその地域の大企業についての見聞がわたくしにはある。もっとも、この表の時期は、とりわけ前半期はそれほどでもない。だが、労働力不足期がはじまっていた。したがって、トヨタの正社員でも、初期のくりかえしばかりに見える作業に嫌気がさし、離職はすくなくなかった。まして非正規労働者のばあい、働きはじめ初期の離職率は低くなかったであろう。それを証する個別企業の統計資料をみないけれど、わたくしはそうみている。

この短い期間の数値、しかもあるていどの過小評価を含むだろうが、おもにその時の流れに応じた変化から、つぎの推測を導いても大過なかろう。まだ人手不足が深刻化しないとき、おそらくは一九五〇年代や六〇年代初期は、大勢の臨時工を採用し、そのうちよい素材とおもわれる人を本工に昇格させる。もちろん昇格は自動的ではない。まず職場の推薦、すなわち職長(トヨタでは「組長」とよぶが、ここでは一般的な用語法にしたがう)の推薦が必要である。それはきわめて重要で、職長はその人の仕事ぶり、働きぶりを毎日半年なり一年みてきた。恣意性を否定できないが、これにまさる選別資料はまず他にあるまい。

そのうえテストがある。筆記テストも面接もある。こうした人材選別機能がよく働くのである。そうした時期には表のしめす一割以上の昇格者をだしていたであろう。真の昇格率はうえの数字よりすくなからず高めとおもわれる。それにしても、日本の「試用工」とはとうてい言える高率ではないだろう。逆に、人材選別機能としては、企業側からみれば実によく働いていた、というべきであろう。労働組合がそれをいかに規制するか、という問題はのこるが。

新卒正規採用者に劣らぬ昇進

人材選別機能がよく働いていた、とみるもっとも重要な証拠は、非正規出身者で本工に登用されたものの、その後である。その人たちは、この時期、正規新卒採用者をこえて、本工の半ばをしめるにいたる。表3-1の(3)である。しかも、ここではしめしていないが、そのひとたちの役付工に昇進する割合は、かならずしも正規新卒採用者に劣るものではない。その点の数値また説明は小池[二〇一三](一六〇―一六三頁)にあり、重複をさけ記さない。ただその結果だけをいうと、結構班長、組長に昇格する。同じ年齢なら新卒正規入社のグループよりやや昇進率は低いけれど、三年遅れくらいでくらべると、差は大幅に小さくなり、ほぼならぶ。そうじて、新卒正規採用でなくとも、非正規出身本工登用者もおとらず役付工にすすんでいる。人材選別機能を充分に発揮していた、といえよう。

人手不足が極度に深刻になると、臨時工の名で募集しても、本工に登用したい素材がなかなかみつからない。人材選別機能の働きがうしなわれる。それで、企業側は臨時工制度をいったんやめるのであろう。

ただし、非正規労働者制度の、人材選別機能そのものが否定されたわけではない。異常とみえる極度の人手不足が第一次石油ショックで解消され、失業がふえる。その後労働需要がしだいに回復していくと、ふたたび非正規労働者が復活してくる。ただし、しばしば別の名で復活した。トヨタのばあいは「期間工」という言葉をかえずにもちいているようだが。

技能差

臨時工の賃金と本工の賃金差はどれほどであったか。当今はあたりまえのように非正規の賃金が不当に低い、似た仕事につきながら本工にくらべはるかに低い賃金だ、との議論が研究文献でもふつうであろう。だが、もしそうなら、企業はなぜ全員を非正規にしないのであろうか。そうしないと、市場競争でやぶれ企業は消えさるはずだ。どうして、こうした疑問を研究者たちはもたないのであろうか。それほど、日本産業社会は市場競争がとぼしく、効率を軽視したしくみ、とみていたのであろうか。

「おなじ仕事をしながら」という点に立ち入った検討は、残念ながらいまはほとんどみられない。せいぜい非正規労働者にアンケート調査をして、正規と似た仕事をしているばあい、どのくらい賃金が違うか、と聞くにとどまる。

仕事の異同については、非正規に聞くだけでなく、それもアンケート調査ではなく、しっかりと聞いてほしいものだ。というのは、おなじ持ち場についていても、くりかえし作業でおわるばあいと、ときにおこるさまざまな品質不具合、設備不具合への対処までこなすばあいでは、相当に差があるものだ。そうした違いはベテランでないとわからないからである。

たとえば、もっとも技能がいらないかに見える自動車最終組立ラインをとる。さっとみただけでは、いずれも六〇秒サイクルのくりかえし作業で、非正規でも正規でも仕事に差はないかにみえる。だが、じっくりと観察していると、やはり品質不具合、設備の不具合がさけがたい。もっともやさしい品質不具合は誤品、欠品であろう。部品の品種が多いので、おこるのは避けがたい、検査担当者のところにいくまでに、うえに別の部品が組みつけられ、見えにくくしている。検出に時間がかかり、またつけ直すのに、うえに組みつけられた部品をとりはずさねばならない。時間がかかる。

他方、もし同じ職場内の、かりにとなりの人なら、見つける目があれば、はるかに容易に検出できよう。だが、そのとなりの人も自分の忙しい六〇秒サイクルの作業がまっている。一目でおかしいと見抜けないとまず無理、とベテラン職長はかたる。まことに納得的である。一目でわかるためには、以前にその誤品欠品をおこした持ち場をすくなくとも半年ていど経験していないと無理という。検出したら、その場でとり換える時間がなくとも、赤紙をはっておき、ラインのちょっとした切れ目でつけ直すことができる。これにたいし、見逃せばあとで数倍の時間がかかる。そして経験の浅い非正規では一目でおかしいと見抜くことは難しい。自分の六〇秒の作業があり、それで手一杯、けがしないよう、ラインのスピードについていくので精いっぱいなのだ。

この技能の差を賃金ではらわねば、それこそ不平等になってしまう。しかも品質不具合、設備不具合の処理など、くりかえし作業でない作業はほかにもすくなくない。実際にはどのように賃金をはらっていたか。

賃金差

一九七〇年代前半の自動車産業の、非正規、正規間の賃金差につき、一言しておく。よい統計や資料はないにしても、多少の数値や統計がないわけではない。だが、まずわたくしの個人的な見聞を語ろう。その方がわかりやすかろう。一九五〇年代なかばからわたくしは京浜工業地帯でさまざまな企業をみてまわった。そこで非正規を雇用する企業は、非正規の賃金を、本工の二〇歳代半ばなみ、としていた。わたくしは一九七〇年名古屋地区に移動した。そこでもさまざまな企業をまわった。そのころトヨタの労働組合、それも関連企業をふくむ「全トヨタ労連」の名ばかりの顧問となった。

その全トヨタ労連を構成するさまざまな労働組合のリーダーたちが、わたくしに希望をいう。臨時工の賃金が仕事にくらべ高すぎる、それを訴え、そのことをあちこちで話し書いてほしい、というのである。かつて臨時工賃金は本工のほぼ二〇歳代半ばに近かった。ボーナスを別にしたばあいである。それが七〇年代初めどんどんはねあがり、はなはだしいばあいは三〇代半ばの本工レベルになってしまった。これでは本工は、自分たちの働きにくらべ臨時工賃金が高すぎる、という。仕事と技能の差をよく知ったうえでの苦情である。

もうすこし具体的に説明しよう。トヨタであれ、日本の大企業の生産労働者の本工すなわち正規労働者の賃金は、ごくおおまかにいって、すくなくとも中年までは、欧米のホワイトカラーとおなじく、ざっと勤続、年齢におうじて高まっていく。右上がり、いわゆる年功カーブである。他方、臨時工の賃金は定期昇給がまずない。勤続、年齢にかかわらず、ほぼよこばいである。このふたつの傾向線は、ほぼ二〇代半ばでまじわる。つまり二〇代半ばまでは臨時工の方が高い。もちろんボーナスをいれると、交点はもっとさがるが。それが相場であった。

一般統計

そのことは自動車産業にかぎった統計はないけれども、ごく一般的な統計としては多少のうらづけがある。一般産業大企業の本工をかなりしめす、統計上の「常用」生産労働者の年齢別賃金は、世界に冠たる政府統計「賃金構造基本統計調査」によって、一九五四年以来年々の数値がわかる。問題は臨時工賃金である。さいわい、おなじく労働省統計に「屋外労働者職種別賃金調査」が一九四八年以降年々ある（タイトルはかわるが）。これは臨時工としての賃金をしらべてはいない。しかし、大工のような熟練労働者のほかに、日本の不熟練労働者の代表的な職種もとりあげている。それはほぼ「土工」とみてよかろう。その賃金をしかも年齢別にしらべている。その結果、よこばいに近いとわかっている。いま男性に注目する。というのは一九六〇、七〇年代自動車の臨時工はほぼ男性であったからだ。

臨時工の賃金は、おそらく当時の代表的な不熟練労働者賃金とあまりかわらないはず、そう想定する。その想定に大過ないと、わたくしは考える。このふたつの統計から、大企業正規生産労働者の賃金カーブと、不熟練労働者「土工」の賃金のカーブをくらべる。両者は二〇歳代半ばでまじわる。それ以前は不熟練労働者が高く、それ以降は本工が高い。

この交点が極度の人手不足でどんどん上方へうつる。まさにリーダー法則そのものではないか。とりわけ人手不足の愛知、それも豊田、刈谷地域では、はなはだしく上昇する。その結果、非正規労働者の技能を、同じ職場で働きよく知る本工たちが苦情をいうのは、しごく当然のことではないだろうか。

非正規の賃金は低いにきまっている、という先入主ではとうてい知りえない事実であろう。どうか冷静な目で、技能レベルをふまえて実際をみつめてほしい。この賃金差の観察は、まさにこれまで説明してきたトヨタをめぐる状況とくいちがわない。

2　非正規労働者がきわめて多い事例——二〇〇〇年前後

村松調査

その後職場の仕事まで立ち入った調査は、二〇〇〇年初めまで寡聞にして知らない。この時期、目をみはる調査がある。村松調査（中部産業・労働政策研究会［二〇〇三］）である。この時期にあらわれるのは、それなりの理由がある。一九九〇年代半ばから非正規の増加が注目されたのだ。一九八〇年代から九〇年代にかけて、日本経済は停滞の二〇年などと呼ばれた。その後もちなおし、一九九〇年代後半にはいると、雇用の増加、それも非正規の著増が注目された。

当然、非正規問題についての文献がつぎつぎとあらわれる。大半の文献は、多くの非正規労働者がはじめて出現した、あるいはかつてないタイプの非正規労働者があらわれた、と主張する。一見分析は、大量のアンケート調査などを表面は緻密な数量分析で処理し、「科学的」にみえた。だが、根本の発想が歴史をみず、またこれまでの労働経済学の研究蓄積をふまえなかった。そして、不当な賃金格差、能力開発の機会をうばわれた非正規層、というありきたりのイメージを前面におしだした。これにたいし、職場におりて地道に吟味したのが村松調査である。(1)

この調査は中部産業・労働政策研究会の名でおこなわれた。それをあえて村松調査とよぶのは、その調査の中心者村松久良光の視点と観察がひかるからである。これは全トヨタ労連からの委託研究である。全トヨタ労連とは、トヨタだけでなく、その関連企業、関連する独立部品メーカー従業員などの、三〇万におよぶ労働組合である。そのネットワークを利して、トヨタ本体にとどまらず、とりわけ関連中企業、それも九州の中企業の職場を観察した。

九州地区とはトヨタが事業所を建設して歴史のあさいところである。おそらく九州トヨタという組立メーカー、さらに、その関連中小企業を中心に他地域もふくめ六事例を聞きとりした。それも職場におり、ていねいに観察した。そのうえ、おもに部品メーカーなど七六社にアンケート調査をおこなった。

非正規七割の事例

ここでは、そのすべての事例、またアンケート調査結果を紹介はしない。そのなかで非正規労働者が七割ときわめて多い事例に焦点をおく。それは四五〇名規模の部品メーカーである。それに注目するのは、非正規労働者の比率の一見異様な高さという理由だけではない。非正規労働者問題への方策が見事なのである。問題がないのではないけれど、参考にすべき点が少なくない。

なお、非正規労働者の割合は、六つの調査事例すべてで高いのではない。まず、ふつうの割合、すなわち一五―二五%ていどが多い。四割という高さの事例が他にひとつある。

注目すべき方策に言及するまえに、すこしこの事例の特徴を説明しておく。それがなぜこれほど非正規の割合が高いかに影響している、とおもわれるからである。ひとつは、九州地区ということだ。労働需給が中京地区にくらべまだゆるく、非正規の募集でもかなりのレベルの人材をあつめることができた。

それに歴史が短い。村松調査は二〇〇三年時点であり、この事例は当時まだ一〇年ほどの歴史しかなかった。九州地区の中核組立メーカーの一〇〇%子会社として一〇〇名規模で発足、業績ははじめ数年よこばいないし若干の減少であった。そこで一九九八年就任した社長が手をうった。

その手とはなにか。第一、一九九九年より最初から正社員としての採用をせず、採用はまず非正規からとし、そこからのみ正規社員に昇格する。二〇〇〇年以降業績があがり、非正規がどんどん増加した。調査時点の二〇〇三年では「正社員」一三〇名、非正規社員三二〇名となった。第二、これら非正規労働者を「期間社員」二六〇名、「準社員」四五名、「女性パート」一五名にわけ、昇格のステップとして位置づけた。生産労働者の採用はすべてまず「期間社員」とした。二年すぎると「準社員」への昇格の機会がある。もっとも無条件ではない。職場すなわち職長の推薦と、もうひとつ「技能評価」の点数がある。技能評価はきわめて重要なので、項を改めて説明しよう。さらに二年すぎると、正社員への昇格の機会がある。

その昇格の実績があまりに少なくては、あきらめが先立ち、インセンティブはよわくなる。はたしてどうか。二〇〇二年の実績をみると、三〇名の期間社員が推薦をうけ、うち一五名が準社員に昇格した。

この人数が、勤続二年をすぎ正規への希望をもつ人にたいし、どれほどの昇格率となるかはわからない。さきにあげた期間社員二六〇名を分母にはできない。二〇〇〇年以降の雇用ののびで、まだ勤続二年にたりない人が多いだろう。それに、もともと長期の雇用を希望しない人もいる。たぶん例外的な少数とはいえまい。また、準社員から正社員への昇格は、ここ三年、年一〇名ほどだという。調査時点の準社員数四五名、うち二年以上者はおそらく二〇名はいまい。つまり昇格率五割前後とみてよかろう。昇格率は技能向上の促進策としてはかなりのものといえよう。

第三、促進効果は昇格手続きにもよる。もし職長の推薦だけであれば、そこに恣意性がすくなからず入ると職場の人はみて、かならずしもインセンティブにはなるまい。そこで「技能評価」という条件がでてくる。「技能評価」という言葉はあいまいで、やはり恣意性がかなり入る、とおもわれよう。ぜひとも説明しておかねばならない。

技能表——正規も非正規も一枚に

この事例の「技能評価」とは、見事な技能表（いろいろな呼び名があるけれど、わたくしは一般的に仕事表とよぶ）の作成、職場でのはりだし、その表示にもとづく点数化である。仕事表自体はわりと日本の職場に広がる。海外日本企業でもみられる。表側にひとりひとりの名前、表頭にその職場の持ち場、すなわちひとつひとつ職務をならべる。そして各人がどの職務を、どのレベルでこなすかを記す。この事例はそのレベルを四段階にわける。これらの諸点は多くの日本企業に共通しよう。

この事例の四段階の分け方の特徴をしいていえば、やさしいレベルに力点がある。期間社員や準社員も対象とするからだろう。レベル一は「一人で作業できる」、レベル二「品質確認ができる」、レベル三「段取りができる」、レベル四「設備復帰ができる」、とある。

ややこまかすぎるが注記しておく。「設備復帰」とは、この報告書に説明はないが、わたくしの知る範囲では、ふたつのばあいが考えられる。やさしいレベルと、むずかしいレベルである。例示しよう。やさしいレベルとは、量産ラインでも簡単な装置がある。たとえば自動車の左前ドアという重い部品をはこび、取り付けの位置にぴたりととまる装置である。故障のない装置はない。ぴたりと所定の位置にとまらない、すこしずれる、などである。そのとき、その装置をいったん止め、まず元の位置にもどす。そしてもう一回起動してみる。トヨタ本体の用語法では「原位置復帰再起動」という。

むずかしいレベルとは、それでもうまくいかないとき、故障の直しを多少こころみることだ。そのいずれかはわからない。たぶん前者とはおもうが、報告書に説明はない。前者だとおもう理由は、くりかえすが期間社員、準社員をも対象にしているからである。ふつうはレベル四は「人に教えることができる」などであって、それがここにはない。

第四に、そしてもっとも注目すべきは、ここの仕事表のめざましい特徴である。それはくりかえしふれてきたように、正社員も準社員も期間社員も女性パートも、職場がおなじなら、一枚の表に氏名をならべることだ。それはこの事例だけの特徴ではなく、わたくしはそうした事例を電機産業の職場でみたことがある。その職場のことは、のち電機産業をみる第４節でとりあげよう。

それにしても、正規、非正規をとわず一枚の表に記し職場にはりだすことは、まことに重要である。非正規のだれが正規を追い越し、実質的に正規昇格の資格があるか、それを明示している。記入するのは職長だが、実態とあまり違うことを書けまい。いわばみんなの目による確かめがある。そしてまた、仕事表を無視した職長の推薦もなかなかできないだろう。ほかにもこの事例の特徴がある。

別の職場の経験も――点数化

第五、仕事表はひとつの職場の状況を描く。だが、個々の労働者は製品需要の変動など企業の都合で、別の職場へ移動したりする。それがときに関連の深い職場間の幅広い経験の形成となるかもしれない。こうした他の職場の経験をも加算する。いろいろの企業でわたくしがみた職場の仕事表は、多くひとつの職場の経験しか記していない。それゆえ、他職場の経験をも明示するのは、この事例の注目すべき特徴といえよう。

第六、加算するにはなんらかの点数化が欠かせない。どの職務をどのレベルでこなすことができるか、それを点数であらわす。そのうえ、職場のなかでいくつの職務をどのレベルでこなしているか、それを加算する。同様に別の職場の経験も加算する。月に一回書き直す。それは班長と職長である。なにしろ職場ではりだすのだから、班長や職長もあまり実際とくいちがう記入をするわけにはいかない。こうして各人の点数が明示される。

第七、昇格の目標ポイント数を明示する。正社員は四〇ポイント、準社員は二〇ポイントなど明示しておく。こうすれば、自分が昇格基準にかなり近づいたか、あるいは達したかどうかがわかる。各人の技能の点数が明示してはりだされ、みんなの目にさらされる。

この方策があれば、人材選別機能の働きはみるべきものがあろう。ただし、すべてが手放しでよい結果をうむとはかぎるまい。一般に、あるレベルの人材を確保し、さらにそうした人材を向上させていくには、長期の視野、具体的には長期の雇用の見通しが欠かせまい。期間社員、準社員ならば、よい素材ほど他によい働き口があったら、去っていく可能性が大きい。この事例はそれもうすうす感じているのであろう。報告書によれば、この企業は近い将来、正社員を六割ていどまでふやす、との方針である。その理由は報告書はふれていないけれど、さきの推察、あるていどのレベルの技能を必要とするならば、やはり雇用の安定を重視する、という筋ではないだろうか。

タイトヨタのばあいと似る

この事例とほぼ同様な方策が、わたくしのみたかぎり、二〇〇四年時点タイトヨタで認められた。タイトヨタは海外日本企業の草分けである。歴史はながい。一九六〇年代前半からつづく。いまやタイでの日系企業をこえて、タイ製造業の代表的な企業のひとつとなった。その証左は、タイ経営者団体の副会長にタイトヨタの会長が選ばれたことか。

このタイトヨタを二〇〇四年に調査した。まえに何回もたずねたが、それより長く、しかも最後の訪問であった。生産職場の聞きとりを、当方の希望通りの深さでおこなうことができた。くわしい経緯ははぶくが、こころゆくまで聞きとりできた（くわしくは小池［二〇〇八］第六章）。

その聞きとりから得られた実状は、まさにうえに描いた九州の一事例にちかい。基本的に共通する。タイトヨタは一万人をこえる規模の大企業だが、一九九〇年代末の落ちこみ以来、ふたたび上向きとなった二〇〇〇年以降、はっきりとその方策をとってきた。生産労働者については、非正規採用を原則とする。そこからその働きに応じて正社員に登用する。そうした人材選別機能を強化してきた。メンテ要員やホワイトカラーは別である。

タイトヨタでは、生産労働者が正規に昇格するには、非正規として三年の経験を要する。二年プラス二年計四年の経験を要するとした九州の事例と大差ない。違うかもしれないのは、仕事表の活用である。タイトヨタにも仕事表があり、職場にはりだしているのは確認している。ただし、そこに非正規もいっしょに書きだしているか。その表示をどれほど点数化しているか。そしての点数がどれほど本工昇格に影響するか、それは確かめていない。

それにしても、さきの九州の中企業の方式が、海外でも通用することが理解されよう。それを否定するのはタイトヨタの実績を無視することになる。日本の中規模企業の先進的な事例は、日本の通念や常識とは異なり、充分に他国にも通用することがわかるであろう。しかも、タイは労働力過剰の国ではもはやない。ましてタイのバンコック近辺は、当時むしろ労働需給のひっぱくしている地域であった。そうした地域でやや良質な人材、その素材を確保するみるべき方策のひとつ、ということができよう。非正規労働者制度の効率的な機能は、日本以外にも通用する。

3　山本［二〇〇四］調査

その性質

村松調査のほかに山本調査（中部産業・労働政策研究会［二〇〇四］）もある。トヨタの正規、非正規にかかわる山本調査は、ホワイトカラーをとりあげたものもあるが、この章ではもっぱら生産労働者に注目する。

山本調査は端的にいって、通念の尾をひきずっている。職場におりて尋ねているけれど、質問はありきたりである。その結果、ふたつのことが目につく。ひとつは、非正規労働者の正規への登用、すなわち人材選別機能にふれてはいるが、立ち入って観察していない。かわりに通念にそって、雇用調節機能と低賃金利用機能を重視する。もし非正規労働者が実際にコスト低下をもたらすならば、全員を非正規とした企業が市場にいきのこるだろう。そうしたことを推理できなければ、正規と非正規の区別をまるで「身分的」とする見解におちつくのである。これでは市場競争を無視し、むしろ後退といわねばなるまい。にもかかわらず、調査は広範であり、みるべき指摘もある。それらの点を中心にみていく。

まず調査の性質を説明しよう。「A社」(おそらくトヨタ)、関連部品メーカー、労働組合、非正規労働者へのアンケート調査をおこなった。さらに、非正規労働者をうけいれれば事実上もっともその事情を知るはずの、自動車メーカーや部品メーカー七社の職長への聞きとり調査を実施した。

だが、まずアンケート対象企業数や組合数、その配布数、回答数などは一部をのぞきあまり明示されていない。せいぜい非正規労働者アンケート調査配布数のみが記されているようだ。製造業の非正規労働者五九社、一三一五名、非製造業三八二名とある。これは配布数らしく、回答率は八九%と記す(一八頁)。

なによりも肝心の監督者層への聞きとりが、どのような方へ、どれくらいの時間、一回か日時をかえて二回か、おもにどのような項目について話をうかがったのか、その説明もあまりみあたらない。残念である。おそらくこうしたことが聞きとりでの突っ込み不足をまねいたのかもしれない。そのような欠陥はありながら、参考すべき点がある調査と考える。またその欠陥が、当時の、そしていまもつづく、通念を紹介するにも役に立つ。

時代認識のあやうさ

この調査がとりあげるのは、一九九〇年代末からの非正規労働者の急増である（なお、この調査は非典型労働者という。もちろんそれでよいのだが、ここではこれまでの章とことばを同じくする）。この調査では、一九九〇年代末から生産労働者にしめる割合が一〇％前後へと増加していたが、二〇〇〇年代初期激増したとみる。二〇〇四年二五％にもおよんだ。この急増はかつての臨時工の多い時期とは、その内実が異なる、というのである。

異なるとは、かつての臨時工はほとんど「試用工」であったとみる。つまり、全員ではないにしても、大半が本工に昇格したという。これにたいし、一九九〇年代末以降から二〇〇〇年代初期にかけての非正規は、本工への昇格者もいるけれども、少数者だというのである。

この歴史認識はややうたがわしい。さきにもふれたように、一九五〇年代六〇年代初期の非正規の本工昇格者は、日本風の「試用工」といえるほど多かったであろうか。正確な数値はないにしても、また年々数値は波打つけれど、おおまかには三割はこえない、とみて大過あるまい。とても「試用工」といえるものではない。

一般に「試用工」とはとりたててミスがなければ昇格するはず、とされる。まして日本の裁判所はきびしい（小嶌［二〇一四］四二―四七頁）。それと実際の臨時工の昇格率は大きな違いがある。なるほど一九六〇年代末から七〇年代初めにかけ、極度の労働力不足期には、あるいは非正規の大半の昇格が、ごく短い期間ながらあったかもしれない。とくに労働力不足がきびしかった豊田、刈谷地区にはあったろう。しかし、それは戦後の長い期間のなかでは、ごく短い例外期ではないだろうか。それを見逃しているおそれがある。

他方、この調査で、非正規の正規昇格率はどれほどか、かならずしも鮮明ではない。ある事例で三割ほどという。それならば、一九五〇、六〇年代と大差ないだろう。そうであれば、人材選別機能をどうして重視しないのであろうか。おそらく通念にそって低賃金利用機能、雇用調整機能に目をうばわれているか。残念である。昇格率が三割ほどとすれば、人材選別機能の働きこそが注目されよう。それゆえにこそ、一時的、例外的な超労働力不足期の減少あるいは消滅をこえて、非正規労働者制度のかつての人材選別機能が当然ながら復活したのである。

職長たちの選択

みるべき指摘もあるとは、自動車メーカーや部品メーカーの職長層を聞きとりしたときの話である。職長たちは口をそろえて、非正規労働者層からの昇格を推奨する。ところが、それが広がらない。というのは、新卒者で優秀な人を採用できる、それが経営側の人事の態度だからだ、という点である。

じつは、ほぼ同時期わたくしは似た個人的な経験がある。トヨタの生産労働者管理の責任者が、もと名古屋大学のわたくしの小人数のセミナーOBであった。たまたまトヨタ近くで会ったら、相談があった。このごろ優秀な生産労働者が採用できる。工業高校一から三番というひとたちを採用できる。ところが現場の職長たちは、そうした新卒の人たちよりも、これまで自分の職場で働いてきた非正規労働者の方をのぞむ、というのである。いったいどうしたものか、との相談であった。わたくしは前節まででみたことから、断然後者重視という私見をつたえた。その後、その責任者がどのような施策をとったかは、聞いていない。

ただし、当時はともかく今後のことを考えると、両者のミックスこそ最上ではないか、とのちに考えるにいたった。理由は海外進出の大幅な成長である。海外事業所では、その地の人材を育てる必要がある。それにはすぐれたインストラクターの働きが大きい。海外でのインストラクターは国内とちがい、自分でやってみせるだけではたりまい。なぜそうするのか、その論理を筋道たてて説明する力をより多く要しよう。それには新卒採用者がより適しているばあいもある、と推量するからである。

この調査でも、職長たちの要望により、非正規からの登用の割合を見直しふやそうとする事例もある。実際の登用がすくなくては、非正規労働者へのモチベーションにもならないからでもある（五一頁）。実際、非正規へのアンケート調査によれば、正規への登用制度があると、いうまでもなく非正規のモチベーションをあげる。訓練の機会への希望が目立って増加するのである。

労使協議へのとりあげ

労働組合へのアンケート調査によれば、非正規労働者問題を労使協議にとりあげるのは、まことにすくない。その比率、その職域の協議は、臨時工、期間工などについてはほとんどない。せいぜい派遣、出向、請負などにつき、一割ていどの組合が協議の対象としているにすぎない。つまり直接雇用関係があるばあいは、手放しとなっている、とこの報告書はいう。

だが、この調査報告には書かれていないけれど、久本［一九九七］によれば、またわたくしの見聞でも、非正規労働者採用の月々の人数は、工場の部門ごとにかなりこまかく協議されているようだ。月ごとの生産計画におうじ、その前提条件としてこまかく協議されていた。労働組合本部レベルの労使協議をはなれ、あるいは文書化された労使協定にとどまらず、慣行としての工場、課ごとの協議で熱心にとりあげている。そうした措置がないかぎり、生産が難しい以上当然のこととおもわれる。折角労働組合へのアンケート調査をおこないながら、それを見ないのはもったいない。

もっとも、そこには面倒な問題がある。その労使協議が正規への昇格もふくむこともあったが、もしアメリカの先任権のようにつよすぎると、人材選別機能を阻害する。製造業にとどまらず、スーパーなどの三次産業でも、すでに第2章でみたように、日本の非正規にあたるパート労働者の正規への昇格は、アメリカでは先任権がものをいうようだ。それならば、競争力に陰りをあたえ、長期には雇用にマイナスとなる。

そうじて、あるていどの協議で人材選別機能を活かすことの重要性がおもわれる。山本調査はこの人材選別機能を重視しなかった。

4 電機産業の職場

電機連合［二〇〇七］調査

以上は自動車産業の職場であった。製造業のもうひとつの大きな分野として電機産業をとりあげる。といって歴史分析には資料がないと、どうにもならない。さいわい前節の山本調査にわずかにおくれて電機連合［二〇〇七］調査がある。四〇〇〇という大量のアンケート調査を職長クラス中心におこない、七割余の回収率をえた。なによりも重要なのは、さらに八事業所一六職場の職長に一回づつながら、じっくりと話を聞いたことだ。もちろんテーマは非正規労働者の増加にかかわる問題であった。

ただし、この調査報告は非正規労働者をその産業でのふつうの呼び方にしたがい「請負」「派遣」とよび、「パート」もふくめ非正規労働者のすべてを含めていう。法律上はこまかい差異があろうが、実際上は前節までの非正規労働者にあたるとみてよかろう。ここでは一括して「非正規労働者」とよぶ。

自動車にくらべ、電機は製品や技術の面での多様性が案外に大きい。大きな発電所の巨大な発電機を長い期間かけて製造する重電職場、また、むしろ装置産業とでもいうべき半導体製造職場があり、まさに装置のなかで作業が機械的におこなわれるかにみえるのだ。とおもえば家庭用の電気器具製造職場ももちろんある。こうした製品や技術の多様性がありながら、電機産業の平均をとれば、二〇〇四年時点でざっと四割余の職場が、三割ほどの非正規をかかえており、その点では自動車と大差ない。むしろ電機では、大半の構成員が非正規の職場、あるいは非正規がほとんどいない職場など、多様性が目につく。

ここではそうした多様性のなかから、ふたつの事例をとりあげる。ひとつは、かなり面倒な作業をも非正規にたのみ、職場で非正規も含め一枚の仕事表をはりだす。非正規から正規への昇格のある事例である。もうひとつは、一本の生産ラインをほぼ非正規にまかせる。かつて一九五〇年代の造船の社外工職場、船の左舷の塗装をすべて社外工にまかせる、などというばあいに似る。多様性のなかのひとつのタイプである。

とりわけ前者に注目する。非正規労働者の割合はごくふつうで、ほぼ三分の一である。そうしたふつうの条件にもかかわらず、じつは前にみた村松調査のあの注目すべき事例にやや似る。そして村松調査よりも、その作業の内容を立ち入って観察している。その結果、じつは非正規労働者をとても配置するとはおもわれない高度な作業にも、非正規をも配置しているのである。ぜひともこの職場に注目したい。時代の先端を走る事例かもしれない。先端をゆく事例をみることは、さきを読む肝要な手がかりになる。なお、この調査の主査はわたくし自身であり、とりわけ事例調査はほとんど出向き、聞きとりを先導した。

高度な作業――サイクルタイム五〇分

まず第一事例の特徴から語ろう。そうでないと、高度な作業を非正規が担当していることが理解されまい（電機連合［二〇〇七］二〇七―二〇九頁）。事業所としては一五〇〇人規模（非正規をふくむ）、企業としては海外事業所をいれて数千、けっして巨大企業ではない。だが、さまざまな種類の特殊電球をつくり、世界におけるそのマーケットシェアは高い。半導体をつくる露光装置の光源からはじまり、他方、映像装置の光源にいたるまで、特殊電球の世界のトップである。ほかにも事務機器ＯＡ用の電源など一般用も製造しているけれど、特殊電球製造職場をみる。

一〇年ほどまえから非正規労働者を採用した。そしてはじめは技能のあまりいらないＯＡ用の一般用光源製造職場に配置していた。ところが、こうした一般用光源製造職場はしだいに海外に移転するようになった。そのため特殊光源製造職場にも非正規を配置するようになった、という。

尋ねたのはそのひとつ、映像用光源製造職場である。そこにも三分の一ほどの非正規労働者がいる。にもかかわらず、全員ではないけれど、一部の非正規労働者の仕事は、多くの職場をみなれたわたくしの目からして、まことに高度な作業を担当しているのだ。それをまずサイクルタイム（ひとつの作業にかかる時間）でしめせば、四〇―五〇分にもおよぶ。

具体的にいえば、特殊電球のガラス管の作成である。「ガラス旋盤」にかけて、強い火炎をあて、寄せてふくらまし、あるいは切っていく。ベテラン正社員は二時間、三時間のサイクルタイムの作業をこなし、ときに七時間もかけて、一本の特殊ガラス管を作成する。さすがにその作業を非正規社員には任せていないが、四〇―五〇分サイクルの作業を非正規労働者も担当している。けっして機械的にできる作業ではない。何秒間、どこに火をあて、という風なマニュアルですむわけではない。マニュアルどおりに機械的に進む作業ではない。それは外部のものの目からすれば、むしろ高度な作業と解するほかない（二〇八頁）。

一枚の仕事表にはりだす

こうした事業所では当然というべきか、すぐれた非正規労働者を正社員に登用する。その選択の方策として、まことに見事な手法がとられている。さきの村松調査が発見した事例とおなじく、仕事表あるいは技能表を、正社員にかぎらず非正規労働者もあわせて一枚に書き、それを職場にはりだしているのである。その仕事表の形式はごく一般的なものだが、非正規労働者をいっしょに書き入れることが注目されよう。

その結果、どの非正規労働者が昇格に値する仕事能力の持ち主か、明示される。職場にはりだすとは、職場のみんなの目にさらされ、いわば監視のもとにある。表の記入は職長がおこなうが、実態とあまりくいちがうわけにはいかない。

もっとも実際は、仕事表の上では十分に資格があり、経営側も昇格をのぞむのだが、なんらかの理由で断る人もいる。たとえば、正規になると必要なときに残業をしないわけにはいかない。それを好まない人などである。それもふくめ、かなり公正な慣行というべきではないだろうか。

なお、こうした高度な作業を非正規労働者が担当できるようになるには、実は正規社員の働きがある。人に教えるという職務がより重要になる。教え手となり、また支援する機能である。監督者は他にもなすべき作業が多く、教えるのは生産にたずさわるベテランの仕事となる。五年以上の経験者の担当という。はじめ一週間ほどその仕事の新人に、まず自分が作業してみせる。その間新人はベテランのうしろにたつ。のち新人が一部の作業を行い、その間ベテランが後見する。しだいに新人の作業部分を増やしていく。こうした訓練をすべての非正規労働者にほどこすわけではない。その人の作業ぶりを見て、やや面倒な仕事につけ、訓練するのである。まさに人材選別機能ではないか。

また電機連合調査でも、自動車の山本調査とおなじく、職長が非正規労働者の正社員登用を希望しても、人事があまり積極的でない事例もあった。さまざまな共通性がみとめられる。

アンケート調査から

四〇〇〇票のアンケート調査から、注目すべき点をあげておく。いうまでもなく、うえの特殊電球職場にかぎらず、さまざまな企業のいろいろな職場をふくむ。第一、職長たちの心配は、非正規労働者を訓練し仕上げていくベテラン正社員の不足である。インストラクターもこなせるようになるには、職場で複数の持ち場を経験した正社員が欠かせない。それがたりない、という心配である（五頁）。その確保には正社員への昇格をこころがけねばならない。

その昇格の要となるのは、職場にはりだす仕事表である。それはかなり用いられている。四割ほどになる。しかも非正規労働者の多い職場にもある。また仕事表に正社員だけでなく非正規もいっしょに書く、との答えは調査対象職場の三分の一ほどであった。

さらに、仕事表がなくとも非正規労働者の持ち場を複数にしようとする傾向もみられる。三分の一の職場の回答である（一七七頁）。そしてじつに六四％の職長が働きぶりのよい非正規を正社員に採用したい、と答えている。続く回答は正社員をもうすこし採用したい、という方針である。そうじて、大筋自動車の職場と似た傾向が認められよう。

ところが、当今の非正規労働者の研究文献は、こうした傾向をあまりみようとしないかにみえる。それというのも、非製造業をみるからかもしれない。そここそまさに非正規労働者がはるかに多く、とりわけ若年層では圧倒的に多くをしめる。だが、電機産業でもそうした職場、非正規がほとんどをしめる職場が結構あるのだ。それをみよう。

ほとんど請負がこなす職場

第二の事例は、非正規のメンバーが数本の組立ラインのほとんど全作業を担当するタイプである（電機連合［二〇〇七］二一一頁）。そうしたタイプは、この電機連合調査のアンケート調査の回答では、せいぜい七％ないしそれ以下にすぎない。だが、もっと多いだろう。というのは、アンケート調査に答えたのは正社員の職長とその職長補佐であった。ところが、「リーダー」も「副リーダー」も非正規労働者なのが、この第二事例なのである。正社員の職長がいないばあいはアンケートからもれやすい。それゆえ少数派には違いないが、七％よりも多いだろう。

仕事をみていく。それは薄型テレビの組立ラインである。薄型テレビは当時技術の漏えいにはなはだ気をつかっていた。その基本工程は基本部品とともに秘密とされ、わたくしたちはその職場に入ることはできなかった。基本工程はほとんど設備中心の職場で、精密機器や化学関連職場とおなじく、まず正社員中心の仕事だった。非正規も配置されたが、その周辺の作業に限定されていた。

他方、最終組立ラインはあまり技術漏えいを心配しなくてよいらしい。かなり手作業であり、数本の組立ラインが流れている。それを非正規、このばあいはある請負会社がほとんど一手にひきうけていた。うち一本をみれば、サイクルタイム四〇秒の作業である。一見したところ、まさにくりかえし作業である。そこに正社員二名、請負の人は七〇名、その七〇名が組立、検査、梱包にわかれ作業している。

監督者（リーダー）は請負の人である。その下の班長（サブリーダー）も請負の人となる。のみならずラインの仕事も、くりかえし作業にとどまらず、段取りがえ、品質不具合の検出、その手直しも請負の人である。不具合の原因追及もかなり請負の人がおこなう。請負では解明できないとき、はじめて正社員の出番となる。簡単な設備のトラブルも請負の人がとりあつかう。そうじて、とくに難度の高いことは別として、問題処理をふくめすべて請負がおこなう。

この方式が機能するには、請負のメンバーの技能形成が欠かせない。まず教え手が必要である。その教え手も請負の人なのである。リーダーとサブリーダーである。そのためにはリーダー自身が、担当する範囲内の仕事群を幅広く経験する。サブリーダーも自分の担当部署の職務群をまわる。それが請負会社の方針なのであって、受け入れ企業の依頼ではない。わずかな正社員の仕事は、改善のアドバイスと新製品導入時の指導にとどまるようであった。

この電機連合の報告書には書いてないのだが、のちこの請負会社の社長をたずね、話を聞く機会があった。そのかぎりでは、明確な請負会社の方針があった。電機産業に専門化し、その生産ラインをまるごと請け負うのが、その政策であった。複数の会社の生産ラインを請け負い経験をつむ。請負企業の中核従業員には、複数の会社のいろいろな生産ラインを経験させる、という方策であった。

リース工場方式

おもうに、技術の漏えいのおそれのない工程を、依頼企業はいわばまるごと請負に頼むのであろう。それが一段とすすめば、いわゆるリース方式の工場運営となろう。台湾や日本でもみられた方式である。設計に焦点をおく依頼企業の、製造会社への丸投げ方式である。そのリース工場方式をこの請負会社はめざしているかにみえた。

この方式の存在理由はそれなりにあろう。製造をより低コストでしあげることができよう。製造専門のノウハウの活用であり、くりかえし作業への低賃金活用機能である。それゆえ、ある時期の米企業からの要望で、台湾などで展開された。日本でも一時期喧伝された。

ただし、それは短期の話にすぎない。委託側は、中長期には失うものもすくなくない。新製品の開発、そのための新生産ラインの設計に、製造経験からの示唆がえられない。組立からの新製品設計への、また新生産ライン設計への提言である。生産する人たちが日々経験しおもいつく工夫の、製品設計、さらにより一段と効果ある新生産ラインの設計への提言が得られない。

例をあげないと、わかりにくかろう。たとえば日本の自動車最終組立ラインをとる。それは一見まったくのくりかえし作業にみえる。サイクルタイム六〇秒ほどの、技能もなにもいらない生産ラインとおもわれている。だが、すぐれたメーカーは中長期の競争力をつぎのようにして高めている。ラインの労働者から、一部だが、経験を積んだすぐれた人、監督者一歩手前のひとたちを、生産ライン更新をとりあつかうチームにいれる。パイロットチームとよぶ。技術者とともに仕事する。生産ラインから半年なり一年はなれて、そのチームの仕事に専念する。また新製品の構想設計のときに意見をいう。こうした設計では、組立する人の手がはいりにくいから、品質不具合がでやすい、もう少し広げてほしい、などという意見を生産ライン経験者がいう。こうした提言はリース工場方式ではまず得られない。

ただ、短期の利を追えば、このリース方式は、非正規のひとつの形として存続しよう。日本でもかなり前からみとめられる。社外工活用のひとつのタイプであった。わたくしは一九六〇年代肥料工場でもみた。その工場が新式の生産ラインをつくったとき、旧生産ラインを、すべて非正規労働者にまかすのである。そうした例をわたくしはみてきた。

それにしても、昨今の非正規関連の研究文献は、リースとまではいかなくとも、非正規が非正規のまま終始する方式に目をうばわれている。それというのも、非製造業では非正規労働者がはるかに多い職場のほうこそ、むしろ一般的だからかもしれない。とりわけスーパーと外食産業である。つぎの章でぜひとも非製造業をみなければならない。

第4章　三次産業の非正規労働者

1　「就業構造基本調査」による概観

事例をとりあげる視角

非正規・正規労働者問題をとりあげる視点は、三次産業でもこれまでの章とおなじく人材選別機能の重視である。雇用調節機能その他の機能など、ふつういわれる機能を無視するわけではないが、おそらくはその核心は人材選別機能にある、と考える。雇用調節機能もそのうえにたってはじめて競争力に寄与しよう。いったん手放したらふたたび雇用するのに高いコストがかかる人材を、雇用調節で解雇するのは、中長期の競争力にマイナスとなるからである。

そうすると、人材という面での、正規労働者と非正規労働者の競争関係、すなわちそれぞれの技能をみるほかない。技能を直接見るのは難しく、担当する仕事から観察するほかない。つまり非正規と正規の仕事面での分業関係、いや重なり具合を吟味しなければならない。ところが、仕事にかかわる統計調査はまずみあたらない。

それも当然で、まず統計調査では仕事内容の観察は、すくなくとも今のところよい質問が見当たらない。「変化」や「問題」をこなすか、どのような変化や問題を、どのていどこなすか。せめてこうした質問をもちいたアンケート調査、それもその業種に具体的に即した質問があればよいのだが、そうしたアンケート調査をほとんど知らない。かりにあっても、その職場の具体的な仕事にそってみなければならない。そうでないと見当違いの誤解になりかねない。当然に事例調査におもによるほかない。しかし、事例調査にしても仕事を立ち入ってみているのは、管見のかぎりでは、まことにすくない。

しかも三次産業は、こと非正規労働者については、じつに多様なのだ。なかで異色とみられる分野があり、そこでこそ非正規労働者が異常に多い。将来経済全体がそうなるのかどうか。その点を検討するには、そこを逸するわけにはいかない。それはどの分野か。それをまずおさえておかねばならない。もっとも良質な政府統計によって確かめよう。断然「就業構造基本調査」となる。重要な理由は三つある。

第一、とくにこの統計は各世帯に聞く。その際、調査員が尋ねる。国勢調査もそうだけれど、そちらは世帯の人が書きこんだ調査票をあつめるにとどまる。就業構造基本調査は、全数調査でないために、調査員が世帯の人に聞き調査票の書き込みをチェックする。まずこの世帯での調査という重要性を注目したい。そうでないと、非正規労働者のすくなからずを逃すことになる。ふつうは企業に聞く。だが、非正規労働者は企業の労働者名簿にのらない人もすくなくないのだ。就業構造基本調査は一九五六年から、はじめは三年ごと、のち五年ごとと、いまにいたるまでしっかりと続いている。

第二、規模が大きい。おなじく世帯で聞く労働力調査にくらべ、格段に標本が大きくかつ詳細にわたる。この点は周知だからこれ以上いわない。

なお、一九五六年からつづいているけれど、その時系列をみるのはやや面倒である。時期により、非正規の定義、把握の仕方が異なるからである。それゆえ、この統計をさかのぼって説明はしない。

ここでは二〇〇二年就業構造基本調査をみる。あとでおもに吟味の対象とするふたつの事例調査が、ほぼこの時期の前後だからである。そしてこの時期になると、就業構造基本調査の非正規労働者の把握の仕方が、まことに洗練されてくる。ここに就業構造基本調査をみる第三の、しかし、もっとも重要な理由がある。それをぜひとも説明しておきたい。

すなわち第三、これまでの社会調査の経験から、職業であれ、雇用形態すなわち非正規、正規であれ、その把握の仕方でもっとも信頼性が高いのは、「呼び名」による分類である。そしてこの調査はまさにこれをとる。ただし、その用語法では「呼び名」を「呼称」と称する。

一見、この説明はあやしい、とおもわれるかもしれない。「呼び名」は企業内の呼称であり、個々の企業によってばらばらで信頼できない、とみられよう。だが、職業や雇用形態ならば、その言葉が世間に通用しないと、採用や雇用に支障をきたす。募集にならない。職業案内にならない。非正規、正規の呼称にしても、企業内の呼称もすくなからず世間に通用する必要がある。世間の使い方とあまりに異なると、人々は誤解によって応募し、したがって採用されてもすぐにやめ、そのうわさは瞬く間に広まってしまう。「呼び名」による分類は案外に重要なのだ。社会に通用するという、言葉の本来の力である。

他方、これまで労働省や政府統計局の統計では、なにか杓子定規な基準を設ける方式が多かった。たとえば労働省の統計の多くが用いる「常用労働者」とは、「呼び名」のいかんにかかわらず、前二か月それぞれ一八日以上就業したものをいう。これではいわゆる正社員より大分ひろくなり、非正規労働者のかなりを含んでしまう。正社員の把握としては誤差が大きすぎる。

この二〇〇二年就業構造基本調査は、そのやや前からであるけれど、「雇用契約の期間」と「呼び名」による分け方を併用する。雇用契約の期間によるとは、「会社の役員」をのぞいた「雇用者」を「一般常雇」「臨時」「日雇」にわける。「臨時」とは一か月以上一年未満の雇用契約の人、「日雇」は一か月未満の雇用契約の人、それ以外を「一般常雇」と定義する。つまり一年以上か、雇用期間の定めのないばあいをいうことになろう。近時の就業構造基本調査のよいところは、それにとどまらず「呼び名」による集計もあわせて記しているのだ。おそらくはめったにないことで、これを用いない手はない。

表 4-1　非正規労働者の比重——男女計，2002 年就業構造基本調査

（%）

産業	雇用契約の期間による分類			呼称による分類	
	雇用労働者計（役員をのぞく）	一般常雇	非正規計（臨時，日雇計）	正規労働者	非正規計 パート，アルバイト，派遣，嘱託，契約など
計	100	84.5	15.5	68.0	32.0
製造業	100	90.0	10.0	76.5	23.5
情報通信	100	92.1	7.9	79.7	20.3
卸売小売	100	69.2	30.8	55.8	44.2
飲食料品小売業	100	69.4	30.6	24.5	75.5
飲食店	100	65.5	34.5	26.9	73.1
サービス業	100	81.8	18.2	60.5	39.5

注 1）もとの表は広義の雇用形態をもうすこしこまかくわけている。雇用契約の期間による分類については「一般常雇」と「臨時」と「日雇」にわける。ほかに「会社役員」がある。呼称による分類は「正規」以外は「パート」「アルバイト」「派遣会社登録の派遣」「嘱託」「契約社員」「その他」となっている。ここでは非正規全体の割合をみたいので，それらを一括した。

2）この表の「サービス業」はサービス業のなかで「他に分類されないもの」をいう。産業分類は「日本標準産業分類にもとづき就業構造基本調査に適合するよう集約して編集した」と記す（7 頁）。

みるべき産業

これによって注目すべき産業をさがす。それも年齢別にみると、なおいろいろなこともわかるのだが、ここでは産業別の非正規の割合に注目する。ひとこと年齢別の傾向にふれておけば、一九九〇年代には若者のなかでの非正規の高い割合が目立った。最近は高年者の増加が目につく。こうした三次産業の非正規が注目されてきたのは一九八〇年代以降か。それまでは、製造業の「臨時工」などがとりあげられてきた。臨時工をとりあげた文献はほとんど製造業中心であった。二〇〇二年就業構造基本調査によって、表 4-1 が産業別の非正規の割合、それも「呼

称」と「雇用契約期間」の両者でみた。

表からつぎのことがよみとれる。

第一、一般に正規労働者が大半をしめている。もっともひろく正規をとらえる「一般常雇」は、じつに八四・五％におよぶ。したがってこの分類では非正規は一五・五％にすぎない。これは男女計、産業計の数値である。

第二、より実態に近い「呼び名での正規」は六八％とさがる。大分差がある。それでも三分の二をしめる。したがって非正規は三二％となる。製造業でも、また歴史のあたらしい情報通信業でも、またサービス業でも、こうした傾向はかわらない。わずかな差は、情報通信業で、むしろわずかに非正規が低いことであろうか。

第三、はなはだしく異質の特徴が、卸売小売、さらに細分化された分野では「飲食料品小売業」、「飲食店」にみられる。具体的にはスーパーなどチェーンストアと外食産業が中心であろう。「呼び名による正規」が四分の一ていどと少数派なのである。「一般常雇」すなわち一年以上の雇用契約者は三分の二から七割と多数をしめるのに、正規社員はすくない。ということは、非正規でも一年以上勤務する人たちが多い。サービス業ではやや落ちるけれど、それでも呼び名による正規は六割を確保している。

うえの数値をみると、ぜひともスーパーと外食産業に立ち入って観察するほかない。このふたつの業種にみられる傾向が日本の産業界の将来をきめそうか、それともなにか特異な事情があって、その業種の傾向は他に広まらないのかどうか。さいわい、仕事面まで立ち入った調査が、少数ながらある。いずれも外食産業やチェーンストアにかかわる。なかでも、ふたつの調査が注目される。それをぜひとも吟味したい。

2　外食産業

東京都調査

外食産業の事例研究として、東京都調査（東京都産業労働局〔二〇〇二〕）をとりあげる。この調査報告のタイトルでは、おもなテーマは「フリーター」となっている。たしかにフリーターをとりあげている。ただし、実際に聞きとりした事例では、非正規労働者そのものであり、ここでの問題関心に適合する。残念ながらわずか三事例しかみていない。それなのにA4判七五ページの長さになったのは、就業構造基本調査をおもに、さまざまな統計調査を観察し、また関連する文献、既存のアンケート調査、事例調査などをも吟味しているからである。

その「はしがき」にあるように、三名の調査チームである。主査はわたくし自身、ほかに川喜多喬、堀畑まなみである。執筆は、既存の調査の再集計をした第四章が堀畑で、ほかの部分すなわち事例研究をはじめ政府統計の吟味、問題設定など、おもな部分はわたくしの筆である。そのため、この文章ももとの調査報告の言葉を多くとっている。いちいち引用符をつけない。

残念ながら、肝心の事例調査の部分に制約がある。わずか三事例にすぎない。のみならず、聞きとりが浅いのである。本社人事部スタッフへの、一回かぎりの、それも一時間ていどの聞きとりにすぎなかった。それぞれの店にはあとで立ち寄ったが見学にすぎず、その意味では聞きとりとはいえない。だが、非正規、正規の仕事面の分業、その重なり具合、すなわち競合関係などを調べた文献としては、なお他にあまりみられない。参照するにたる文章と考える。

三事例はいずれも非正規から正規への昇格制度もあり、実際にも昇格があった。その点は日本フードサービス協会の当時の調査ともあう。それはおそらくアンケート調査で、一五四店におよぶ。うち八四・四%が昇格制度あり、と答えている。ただし、昇格が「よくある」との答えは九・一%にすぎない。「ときどきある」は六六・二%となる。つまりわずか三企業とはいえ、三事例の内二例は「ときどきある」という分類に多分あたり、一例のみが「よくある」にあたる。ここでは「よくある」にあたる一事例をみる。なお仕事の内容などは他の二事例にもほぼ共通する。ほかに文献として、仕事に立ち入った焼肉レストランなどの事例報告もあるが、残念ながら正規への昇格にはふれていない（小川［二〇〇〇］）。他の文献はアンケート調査によることが多く、昇格にふれても、仕事の分業、競合をあまり観察していない。

ある「デナーレストラン」の事例

外食産業なのに「デナーレストラン」といういい方は、やや奇異におもわれよう。外食産業なら、当時はたとえば「すかいらーく」や「デニーズ」など「ファミリーレストラン」がふつうだからである。たしかにデナーレストランは外食産業の代表的な業態ではない。だが、外食産業とは居酒屋、焼肉レストランなどさまざまな業態がある。なかでデナーレストランとは、和風、イタリア料理などわかれるけれど、やや客あたり単価の高い業態を意味する。その意味でいささか一般的でないかもしれない。だが、基本の業態はあきらかに外食産業である。また仕事内容をていねいにしらべた焼肉レストランの調査報告と照合しても、仕事の分業関係はかなり共通している。

ここでとりあげる企業は、二〇〇〇年時点四〇余店、正社員三〇〇名弱、パート六〇〇名余と日本フードサービス協会年鑑には記されている。あきらかに外食産業のひとつである。わたくしたちが尋ねた二〇〇一年には、さらに四店舗ふえていた。デナーレストランとしてはなかなかの規模とおもわれる。企業の歴史はみじかくないが、飲食業としての歴史は一〇年に満たない。

この事例は「アルバイト社員」からの登用が少なくない。ここでアルバイト社員とは、いわゆる正社員以外のすべてをいう。正社員はこの事例では「フルタイム社員」というが、以下他の章とも一貫させるため正社員とよぶ。正社員への昇格制度はもちろんある。肝心なのは、その昇格の実績である。二〇〇〇年一〇月から聞きとり時までの九か月の間、六〇名の正社員採用のうち、一五名がアルバイト社員からの採用であった。

一見注目するほどの多数、とはおもわれないかもしれない。だが、企業の急速な拡大という環境条件のもとである。その点は正社員採用の実際を聞けば、了解されよう。アルバイトからの昇格以外の大半は求人広告誌での募集で新卒とはかぎらず、また新卒でも飲食業でのアルバイト経験を重視する、というのである。この言明から察することができるように、自社アルバイト社員からの登用を今後増加したい、という方針であった。

その理由は鮮明であった。アルバイト社員はすでに仕事を知っている。会社側もアルバイト社員の人柄を知っている。さらにアルバイト社員のなかには、長い人でもう五、六年もこの企業で働き、「主任」クラスの仕事を担当している。すぐ後でみるように、主任とは数人の人たちの上にたつポストである。ふつうは正社員がつく。だが、ほぼ同等の仕事をすでにこなしているアルバイト社員もいる。そうした人を登用してすぐに主任につけた例もあるし、そのあと一年で店長に昇格させた例もある、というのである。

仕事と組織

この話でわかるように、アルバイトのとりわけ長い経験者は、すでに正社員の仕事とかさなっている。それを説明するために、この事例の組織や仕事内容をみる。この企業の店は大きく洋食系統と和食系統にわかれる。洋食系統の大半はイタリア料理店だが、それもまた三つほどの小グループにわかれる。比較的高価格の料理を中心にするか、それとも低価格の料理をおもにするかによる。したがって料理の内容もちがってくる。「リストランテ」「トラットリア」「カフェ」の三つである。和食系もさらにいくつかの小グループに分かれる。話を聞いた事例は、もっとも店数の多いイタリア料理店の、もっとも高価格のグループに属する店である。とはいえ、その仕事の大きな流れは、イタリア料理店の三つの小グループでも大筋かわらないようだ。

この店の組織は、店長の下に「ホール」の流れと「調理」の流れがある。ホールとは接客で、「ホール主任」一人の下に正社員が一人、ほかにアルバイト社員が六、七人ほどいる。接客は「アドバイザー」と「あとかたづけ」にわかれる。アドバイザーとは注文を聞くとき料理を説明して料理をすすめるので、その名がある。正社員もまず「あとかたづけ」から出発し、「アドバイザー」に進む。アルバイト社員もけっして「あとかたづけ」にとどまらない。アドバイザーに進み、ときに主任クラスの仕事をおこなう。「主任」はふつう正社員の仕事だが、アルバイト社員で長く経験した人がいると、事実上主任の仕事をする。

長く経験するアルバイト社員とは、他のアンケート調査結果でもあきらかなように、志をほかにもつ人たちである。演劇、その他の芸能、芸術分野などにいどむ。芝居などではなかなか暮らしていくことができない。しかも、けいこの期間は長い。それを優先して時間を確保しないと、劇団をつづけていけない。正社員ではなくアルバイトに従事するほかない。仕事ぶりは、企業側の説明によると、まことに真面目で、ぜひとも正社員にほしいのだが、本人の承諾がなかなか得られない、というのである。

他方、調理の流れは「調理長」のもとに調理主任一人、正社員三人、ほかにアルバイト社員が六、七人いる。六、七人という言い方は、時間帯により日により異なるからだ。調理は「下ごしらえ」「前菜」「オープン」「パスタ」「メイン」「デザート」などにわかれる。その分担の仕方は、すこし聞いたが、はっきりしたことはわからなかった、と報告書はいう（四四頁）。勤続順ではなさそうで、できる人が担当する、ということなのだが、どのようにして「できる人」になれるか、その過程をしっかりと聞いていない。もっとも、調理は正社員がホールより多く、また正社員は調理学校出身も多い。調理のばあい、やや特化しているのであろう。

そうじて、調理はやや調理学校出身者などが入り色合いが少し違うが、それでもアルバイト社員と正社員の仕事がかなり重なりあっていることがわかる。しかもアルバイト社員も主任クラスのような、かなりのポストまでこなす人もいた。

そのことはアルバイト社員の賃金にもあらわれている。昇給がある。それも、非正規によくある名目上ともいえるごく少額の昇給とはかぎらない。三か月ごとの昇給で、規則のうえでは一度で三〇〇円もあがることもある。時間給を前提にすれば、相当な昇給額である。実際の昇給額はより少ないばあいが多いにせよ、昇給率はけっして名目上におわるようなものではない。

正社員のキャリア

これほどアルバイト社員に仕事をまかせることができるなら、主任の仕事もすべてアルバイト社員に頼めばよいではないか。いや主任といわずに店長の仕事もアルバイト社員にまかせればよいではないか。その方が賃金を節約できる、とおもわれよう。なぜそうしないのであろうか。

ありていにいえば、労働市場の流動化こそ真の道と信ずる人にとっては、まさにそうなることこそアメリカ化、西欧化となろう。第一、西欧やアメリカのブルーカラーの賃金は時間払い、日本のアルバイト社員と変わらないではないか。そして、数十年もまえ、西欧やアメリカのブルーカラーは日本でいえば「臨時工」なみのあつかいと喝破した、かの金子美雄の名言がある（金子［一九七二］）。どうして、そうしないのであろうか。それこそ西欧化ではないか。

この疑問への答えは、おそらくは、おもわぬ事態が生じたときの対応、そこまでいかなくとも、日常おこりやすいトラブル、たとえば客の苦情など問題の処理に、いささか不都合が生じるからであろう。それに対応するスタッフが欠かせない。

劣らず重要な理由は、正社員のキャリアの形成にある。正社員にその後さらに面倒な仕事をこなすキャリアを要求する。そうでないなら、すべてをアルバイト社員にまかせる方式がないではない。その方がさしあたりコストを節約できよう。だが、もし正社員がさらに面倒な仕事をこなすよう要請されるなら、話は別となる。その面倒な仕事をこなす出発点として店の仕事、主任などの仕事経験がきわめて効果的であれば、アルバイト社員に主任、店長のすべてをまかすわけにはいかない。

正社員のキャリアを人事担当者に聞く。個別人事資料との対照はない。充分の証拠とはいえない。だが、その筋道はかなり明白である。正社員はもちろんキャリアをつんでいく。まず、アルバイト社員にまじり下積みの仕事につく。そして主任にあがり、さらに調理長や店長に昇格していく。店長や調理長に昇格するにあたり、ほとんど店を移動する。調理の流れをみれば、調理主任が調理長に昇格するとき店をかわる。まずは小さな店の調理長に昇格し、しだいに大きな店の調理長に昇格する。この企業の店は一級から七級にわかれ、うえの級の店へ移動するのである。まるで私鉄の駅スタッフの移動そのものではないか。私鉄では助役、駅長は小さい駅から大きい駅へ移動する。つよい共通性が見出される。

こうした移動によって技能をたかめていく、と人事担当者はみている。店の大きさのみならず、さまざまな地域の客層を経験していくのである。わたくしもまったく同意する。なお、調理系は店間の移動では、イタリア料理店の枠内であって、和食系には移らない。和食系はその範囲で動く。他方、ホール系はイタリア料理、和食の系統をとわず移動する。小さな店の店長から大きな店の店長へと動く。

店長がキャリアの終わりではない。業態ごとに、七、八店をうけもつ「スーパー・アドバイザー」がいる。そこに昇格する。さらに本部のスタッフの多くは、店長経験者である。店からはじめ、店長まで経験したあと、声をかけられ本部へあがってくる。店に働く正社員の大半が本部にあがるのではないが、本部スタッフの大半は店それも店長経験者のようだ。経理担当者や一般職としての事務職員などは別だけれど、人事部長、課長をはじめ、多くの本社管理者が店長経験者なのである。このように正社員のキャリアがのびていれば、それはまた正社員のポストの魅力を高め、アルバイト社員の正社員への供給を高めよう。

人数からみた登用の可能性

以上はいわば需要の質の検討であった。のこるは需要の量の面、つまり人数からみた登用の可能性も検討する必要がある。二〇〇〇年度末時点で、正社員二八〇名、アルバイト社員六〇七名、すなわち正社員は三二％となる。これは企業レベルの話で、店ではこの割合はより低くなろう。デナーレストラン以外の業態では、さらに小さくなると推量される。

この割合に、さらに考慮すべき事情がある。正社員はアルバイト社員よりながく在籍するだろう。正社員ももちろん離職しよう。だが、その割合はアルバイト社員よりはるかに小さいであろう。こうしたことを考慮すれば、あるいはアルバイト社員を昇格させる需要は大きくないかもしれない。

ただし、アルバイト社員のすべてが正社員を希望するわけではない。あるいは他産業、他企業の正社員を希望するものもあろう。もしそうならば、アルバイト社員のなかで、それなりの人材であれば、正社員に昇格する可能性は小さくない、とみて大過あるまい。

なお、当然ながらふたつの事情を考慮しなければならない。ひとつは、はじめから正社員として採用する人数である。アルバイト社員からの登用に熱心とみられるこの事例でさえ、調査時点近くの九か月間、採用実績をみれば、さきにもふれたようにアルバイトから正社員への登用は、正社員採用者のわずか四分の一にすぎない。

もうひとつの事情は、外食産業の成長の鈍化である。店舗の増加がすくなくなる。この事例はこの調査の時期増加傾向にあり、一九九八年の三一店舗から二〇〇一年半ばまでに四七店舗となった。だが、外食産業全体としてはその伸びは、すでに小さくなっていた。そうであれば正社員の需要増は少なくなり、昇格の可能性は小さくなろう。

この肝要な点を左右するのは、おそらくはつぎの事柄であろう。正社員のキャリア構造を前提にしたばあい、

a直接正社員として採用した方がよい人材をあつめやすいか。

bそれとも数年すでに働いているアルバイト社員から登用した方が、よい人材を採用しやすいか。

そのいずれか、にかかるだろう。

おそらくaを捨てきれまい。社会のなかでとくに適性の高い人たち、すなわちあるていどの人材を採用しようと狙うなら、最初から正社員でないと、他にとられてしまう。霞が関や大手都市

銀行ならば、最初から正社員中心に採用するのは当然であろう。その後、その企業内でエリートたちの間の激しい個人間競争があり、さらに人材が選別される。

この必要はその企業や業界の社会的知名度が高くないほどよわくなろう。外食産業は当時まさにその微妙な中間域にあった、とおもわれる。いうまでもなく、霞が関や大手都銀のような銘柄ではない。しかし、その時期もっとも伸びゆく業種のひとつとして認識されていた。そうなら、正社員採用の名であれば、エリート層は別としても、それなりの元気のよい人材、よい適性の持ち主を集めることも可能となろう。したがって、まことに歯切れのわるい言い方となるが、おそらくａｂ両者の併用となろう。聞きとりした他の二例は、ａの方策をより重視していた、ということができよう。

3　チェーンストアのパートタイマー

ふたつの比較

チェーンストアがとりわけ多くの非正規労働者を雇用しているのは、すぐうえでみた外食とかわらない。だが、外食とくらべ、さらにさきにみた製造業とくらべると、あきらかに注目されることがある。それは人材選別機能がよわいことだ。いいかえれば、非正規から正規への昇格がすくないようだ。具体的にいえば、チェーンストアのばあい、非正規はほとんどがパートなのだが、パートから正社員への昇格があまりみられないようだ。「ようだ」とあいまいな言い方をしたのは、なかなか数値が得られないからである。それなのに昇格がごく少ないらしいというのは、チェーンストアを綿密に調べたいくつかの研究が、ほとんど正規への昇格問題に言及しないからである。それが正規への昇格があまりないことを意味するとすれば、その際に働くはずの人材選別機能も乏しい、とみるのは当然である。

にもかかわらず、人材選別機能が「ない」とはいわず、「よわい」というのは、わけがある。パート内部でいくつかの社内資格がもうけられ、それにしたがって、一律ではない定期昇給があり、査定がある。ただし、パートの初期よりどれほど賃金が高まるか、それを明示した文献は寡聞にして知らない。もちろん査定は定期昇給のときだけではなく、社内資格の昇格の際にも働く。つまりパート内部で人材選別機能があるので、よわい選別機能と称した。

この特徴は製造業とくらべると、鮮明になる。製造業では非正規は二、三年で正規に昇格しなければ、しばしば他企業へ去る。ところがチェーンストアのパートは、店の歴史が長いと勤続一八、九年という人もいる。はては管理職手当をうけるパートの係長もいる。しかし、パートのままである。正社員に昇格しない。本人が希望しないのか、それとも企業側の理由か。

注目点はもうひとつある。似た点だが、こんどは日本国内の他産業とではなく、西欧のチェーンストアと比較する。おなじ業界なのに、そしていずれも大勢のパートを雇用しているのに、フランスやイギリスのチェーンストアでは、パートから店の正社員への昇格がある。というより、パートは店の正社員の重要な候補者である。

なぜこのような差異が生じたのか。そして将来の非正規労働者問題は、日本方式と西欧方式のどちらが主流となるのか、それとも併存したままなのか。この問題を念頭において観察をすすめたい。

本田［二〇〇七］の研究

チェーンストアの事例につき、仕事に立ち入って非正規、正規労働者の分業と競合をみた研究に注目する。すくなからぬ研究があるけれど、職場の仕事にまでおりたものとして、比較的あたらしい本田［二〇〇七］をここではとりあげる。本田［二〇〇二］も西欧との直接の比較というすばらしい分析によって、西欧ではパートが基本的に店の正規販売員へ昇格するのをみている。ただし、その中心テーマは正社員の人材形成にあり、それに影響する重要な要因として店と本部との分業関係を吟味する。それはそれできわめて重要な問題だが、パートと正規の仕事内容の分業と競合まではみていない。

また脇坂の仕事（脇坂［一九九八］、［二〇一一］）、中村恵［一九八九］、［一九九〇］の仕事も大いに注目される。中村［一九八九］は多くの事例を観察し、まさにあらたな概念の創出者というべきだが、のちに現れた本田［二〇〇七］がよりこまかに展開する。ここではよりあたらしい本田の仕事をみることで代える。他方、脇坂［一九九八］は、どちらかといえば正規社員のあいだでの男性と女性の分業に多くページをさく。脇坂［二〇一一］は概念の構築、したがって視角の設定にすぐれ、また関連するアンケート調査、文献をていねいに吟味し、見事な見解を展開している。ただし、仕事の分業、競合にくわしい観察を提示していない。概説書という性格によろう。本田［二〇〇七］にまず注目するゆえんである。

本田［二〇〇七］は、とりわけチェーンストアの二種の職場について、ていねいに仕事の分担を解明している。それは食品スーパーの鮮魚売場と、一般スーパーの日用品売場である。それをみよう。

食品スーパーの鮮魚担当

食品スーパーのある店の鮮魚売場担当は、つぎの人たちからなる。正社員四名、パート六名である（以下、事例の記述は日用品職場をふくめ本田［二〇〇七］四二―五三頁による。いちいち引用符はつけない）。正社員は全員男性、主任は勤続一九年、主任代行一〇年、以下五年、二年となる。パートは全員主婦、勤続は、一九―一八年三名、その週間労働時間は三〇―三五時間、ほかのパートの勤続は五年、三年、一年未満、その週間労働時間は二〇時間とより短い。

主任はおもに販売計画、それに対応する作業計画の作成、そして発注を担当する。書かれていないが、おそらくは日々あるいは週間の計画つくりであろう。代行は当日の陳列をきめて売場をつくる。主任不在時は主任の役割を代行する。他の正社員二名は、おもに加工作業を担当する。加工作業とは、魚のおろし、とりわけ刺身つくりである。刺身などはその日の売れ行きをみて追加作業をおこなう。

パートタイマーのベテランはまさにその刺身つくりをおこなう。追加作業の判断も、ベテランパートの仕事でもある。ほかにパートは魚おろしなどの加工、パック、陳列、商品補充をおこなう。つまり、管理作業以外の「非定常作業」をベテランパートが担当している、とこの文献は認定する。

ただし、正社員たちの仕事経験の分析はややたりない。パートタイマーがこの本の主題だからであろう。しかし、主任や主任代行はそれぞれ勤続一九年、一〇年、その間に他の課、あるいは他の店を経験していることだろう。たとえば他の店の鮮魚売場を経験していれば、その経験をふまえ、いまの店の作業計画、販売計画をより上手に立てることもあろう。そのための他店経験である。また、他の課ですこし異なる商品の販売を担当すれば、それを参考にして販売計画を改善する知恵もでるかもしれない。こうした背後にかくれた仕事経験は、ここでは言及されていない。正社員たちのキャリア情報は本田［二〇〇二］には掲げられている。

さらに、ベテランパートたちの正社員昇格の有無、その確率、またそうした制度の適否の検討は、この文献には一切ない。主婦であり、その希望がないのかもしれないけれど、その点の言及もない。そうした問題意識はこの文献にはない。西欧のスーパーでは、多くの販売担当正社員はパートから昇格する。そのことをこの文献の著者はしっかりと把握しているのに(本田［二〇〇二］)、その差異の理由の分析はみられない。

日用品売場

一般スーパーの一例として、この文献はあるホームセンターの日用品売場をみる。洗剤、浴用・トイレ用品、化粧品、キッチン用品などをあつかう。正社員は主任一人だけ、勤続六年、パートが四人、すべて女性、うち三人は主婦である。パートの全員は勤続三年、店の歴史が三年だから開店以来のベテランともいえる。ほかに高校生のアルバイトが二名いる。

主任の仕事はさきの食品スーパーと似ている。一日や一週の販売計画、それにともなう作業計画の作成にあたる。本部からの多くの指示がひんぱんにあり、計画の変更が入る。その処理という。ただし、さきの鮮魚売場の主任と同じく、その仕事経験を掲げていない。主任は勤続六年、この店の歴史がほぼ三年だから、すくなくとも別の店を経験している。その経験がどれほどいまの仕事に活きているか、その吟味はこの文献にはない。あるいは他社経験の観察もみられない。

パートの担当は、商品の陳列、補充、発注、接客、棚整理、チラシ準備、POP(店内掲示)貼り付けである。ほぼ定型の作業、とこの文献はいう。というのは、発注も多くは自動発注のようで、かならずしも非定型業務ではない、とみる。

この文献は他の事例も聞いている。商品の売れ筋、死に筋の把握も、ベテランパートならおこなっている事例もある。売れ筋、死に筋とは、どの商品がいまは売れているか、あるいはもはや需要が少なくなったか、その把握であり、それにおうじた発注となる。もちろん、そのおもな担当者は正社員だが、ベテランパートは自分の担当商品を単品で観察する機会が多く、この把握にもそれなりのつよみがある、という。そうじて定型業務中心であるけれど、ベテランパートは一部非定型業務をもになっている。その点で、非定型業務にベテランパートがかなりのりだしている鮮魚とはやや異なる。とはいえ、それはベテランパートの経験年数の違いによる、とも考えられる。

さらに、この文献は管理的な業務を担当するベテランパートの事例もえがく。とくにある一般大スーパーの例をあげる。一九九〇年時点で実人員一万三〇〇〇人のパートのうち、約一四〇人を「管理職パートタイマー」とし管理職手当をはらう。その多くはレジの管理職で、レジ担当パートの管理を仕事としている。他は、正社員の少ない店での、さまざまな分野の係長という。

こうした公認の管理職パートとは一見違うが、事実上の管理職パートはチェーンストアではもとからみられた、とこの文献はいう。わたくし自身も、チェーンストアでもまたふつうの製造業でも、そうした事実上の管理職パートをみてきた。製造業なら、ふるくは一九七〇年代家電の製造にたづさわる工場である。家電はかつてパートもふくめ女性従業員が圧倒的多数をしめていた。その時代、よくみたものである。もっとも、一回かぎりの訪問の見聞は原則として書かないという、自分自身のルールのゆえに文章にしていないけれど。

職能給化するパートの賃金

ここまでみてきたように、パートがかつての正社員の仕事をかなり担当する。そうである以上、その賃金もかわってくるであろう。本田［二〇〇七］のよい点のひとつは、そのパート賃金の変化をやや立ち入ってみていることである。かつての正社員の仕事のうち、定型的な部分をパートがおこなうばあい、非定型作業もベテランパートが多少とも担当するばあいにわけてみている。

とはいえ、そのふたつに分けて書くことはここではしない。というのは、金額をふくめ、かならずしも具体的に記されていないからである。それは理由のないことではない。金額までことこまかに書きこむのは遠慮すべきばあいが、事例研究ではすくなくないからである。パート賃金がパートのままでどれほど時間給であがるか、ボーナスがどれほど増加するかは、かならずしも明瞭な言及はない。

それゆえ、基本的な傾向をわたくしが読みとったかぎりで、まとめて記すことにしよう。一言でいえば、「職能給化」である。それはふたつの特徴がある。

第一、等級や資格にわけて賃金をきめる。パートだからといって、一本ないしそれに近い時間給ではない。なるほど、かつてパート賃金はそうであったらしい。ただし、その説明につかわれている「職能給」ということばが、日本の通俗概念でははなはだしい誤解をうむおそれがある。日本特有の、おくれた「年功賃金」の一種との誤解である。その弊におちいらないために、回り道とみえようが、アメリカの社内資格給、つまりアメリカのホワイトカラーのサラリーをすこし説明しておく必要があろう。すでにあちこちで書いたが、あえて短くくりかえす。

社内資格給とは、仕事つまり個々の職務よりも、社内資格ごとにサラリーの大枠をきめる方式である。ただし、日本の常識ないし通念とは違い、アメリカの社内資格給は、同じ社内資格でもサラリーに幅 range がある。例をあげないとわかりにくいであろう。課長クラス（課長でないひとも含む）四万ドルから六万ドル、その下の課長補佐クラス（課長補佐でないひとも含む）三万五〇〇〇ドルから五万ドル、という風な設定となる。その幅のなかを昇進や昇格なしに、定期昇給で年々あがっていく。もちろん査定つきである。査定は上司の主観的な評価による。

日本の職能給とくらべてみよう。社内資格ごとにサラリーの大枠がきまる、という点ではかわりない。社内資格の数もあまりかわらない。わかい時の大卒入社から部長クラスまでほぼ一〇—一五ていど、それは日米に共通する。ただ、日本のパートの資格数は六、七ていどと小さい。もっとも、日本の正社員ブルーカラーをとれば、日本でも少なく六、七ていどか。

真の違いはアメリカでは社内資格ごとの基本給の幅が明示されているのにたいし、日本ではそれが明示されず、一見定期昇給が退職まで続くとおもわれがちなことだろう。その思い込みのゆえに、年功賃金との誤解がつづく。だが、事実上の上限が何らかの形であるようだ。たとえば定期昇給額の激減など。

職能給化の第二の特徴は、査定がつくことである。定期昇給に査定がつくのみならず、昇格にも当然にはいるだろう。昇格に査定がつく点は、この文献には明記されていないけれど、まず確かであろう。そうじて「正社員化」の傾向といえる。

ただし、パートのうちどのような経験の持ち主に、そうした賃金が払われるのか、その点はこの文献があまり明記していない。たとえば査定ははじめからつくのか、それとも経験数年で社内資格がかなりあがってからか。そうしたことはわからない。もちろん事例によるだろうが、事例についての明示もとぼしい。

賃金の上がり方でみる

のみならず、真に正社員化といえるのかどうか。その点の吟味がややたりない。それを確かめるには、パートのままでベテランになると、どれほど賃金が上昇するのか、そのていどをみる必要があろう。ところが、さきにもふれたように、その明示は事例の一部についてでもとぼしい。やむなく、ここでは実態への多少の接近をこころみよう。政府統計をもちいた粗い観察にとどまるが。

日本の政府統計は概してすばらしく、一九七〇年から、パートタイム労働者の、年齢別賃金を集計している。いうまでもなく「賃金構造基本調査」である。ここでは本田［二〇〇七］の調査時点に近い、一九九〇年代おわりから二〇〇〇年初期をとろう。この調査はその時期、パートタイマーにつき、産業別年齢別に「一時間当たりの所定内賃金」、および「年間賞与その他特別

表 4-2　パート賃金の上がり方への一接近――女性，企業規模 1,000 人以上

年次／産業	年齢	平均勤続年数	所定内賃金／時間	年間賞与その他特別給与（千円）	時間あたり給与差
1998 年					
製造業	20–24	2.0	886	71.5	100
	55–59	9.1	941	160.3	112
卸小売飲食店	20–24	1.6	860	17.2	100
	55–59	10.8	944	100.7	110
1999 年					
製造業	20–24	2.1	925	95.1	100
	55–59	10.2	932	164.7	105
卸小売飲食店	20–24	1.7	874	20.8	100
	55–59	9.9	948	86.8	105
2002 年					
製造業	20–24	1.8	868	85.4	100
	55–59	10.5	940	156.5	113
卸小売飲食店	20–24	1.9	860	11.3	100
	55–59	10.3	932	61.2	113

出所）賃金構造基本統計調査，各年。

給与」額を記している。[1] 残念ながらパート賃金の集計は勤続別ではない。

だが、五歳きざみの年齢別の平均勤続年数はわかる。それからみると、仮に二〇—二四歳、平均勤続二年たらずと、平均勤続年数が九—一〇年ほどと最大になる五〇歳代後半の賃金をくらべることができる。その数値を記したのが表 4-2 である。

スペースを節約して途中の年をはぶいたが、傾向はかわらない。もっとも、この表の数値の算出には、いろいろな制約、前提がある。その説明をわずらわしくとも省くわけにはいくまい。本来賃金の上がり方をみるには、経験年数ないし勤続年数別

の賃金をとったほうがよい。だが、さきにもふれたように、このすばらしい調査は、ことパートについては年齢別賃金の集計表しかない。だが、そこにそれぞれの年齢層の平均勤続年数が記されている。それがもっとも長いのが五五—五九歳層なのである。高年にかたより心配になる。しかしかなりの人数がある。他方、対比すべきわかい層は未成年者を別として、二〇—二四歳層とした。このふたつの年齢層の平均勤続年数差は、一九九八年から二〇〇二年をとって、八年前後である。ここで注目すべきは、もっぱら勤続年数となる。

賃金の算出はたんなる所定内の時間あたり賃金ではない。「年間賞与その他特別給与」も考慮しなければならない。その差が、うえの表のしめすように、一見かなり大きい。そこで、ここで比較すべき賃金額は、この両者、すなわち「所定内一時間当たり賃金」と「年間賞与その他特別給与」の合計とした。

とはいえ、うえの数値の合計は簡単ではない。一方は時間あたり表示であり、他方は年間額の表示である。そこで年間額を年間労働時間数でわって、一時間あたりの金額を算出する。しかしながら、その年間労働時間数の算定が容易でない。その年間労働時間数の数値は、この賃金構造基本調査にはあたえられていない。

やむなく便法をとる。もとの統計表には調査月の「実労働日数」と「一日当たり所定内実労働時間数」がある。この両者をかけあわせて月間労働時間数とし、それを単純に一二倍して年間労働時間数とした。誤差はもちろんあろう。調査対象月の労働時間は、すべての月の労働時間と正確には対応しないであろう。また、一日のなかであるていどの所定外労働もあるかもしれない。すべてこれらは承知の上で、単純化した。

こうして算出した年間労働時間で、年間賞与およびその他特別給与額をわり、時間あたりの金額を算出した。それを所定内時間あたりの賃金額にくわえて、それぞれの年齢層の賃金額を算出した。なお、「職能給化」という以上、「職能給」が普及しているはずの企業規模をみたい。それで一〇〇〇人以上規模をとった。

そのうえで上がり方をみる。二〇—二四歳、勤続二年たらずの賃金を一〇〇とすれば、その勤続八年上の賃金は一〇—一三％ていどの上昇にすぎない。パートの話である。

これを男性の「常用労働者」とくらべてみる。「常用労働者」とは統計上、「正規」よりひろい。多少「非正規」もはいっているが、やむをえない。「職能給化」という以上、所定内月賃金でみればよいだろう。パートに近い勤続差は、二〇—二四歳層に対する三〇—三四歳層の、ほぼ七年の差となろうか。高卒男性をとると、賃金は四〇％ほどあがる。学歴計をとれば五〇％となる。表ははぶくが、二〇〇二年時点の数値である。製造業をとった。

さきのパートのばあいとあわせるため、意図的に年齢別賃金表をとる。「常用」ならば年齢勤続別の統計表もあるのだが、あえてそれを使わなかった。おなじく企業規模一〇〇〇人以上をとった。

これらの数字をくらべると、ベテランパート賃金が「職能給化」した、とはいいがたい。「職能給」の男性賃金のあがり方のざっと三分の一ていどにすぎない。職能給化の傾向が多少みられた、というていどであろうか。いやごくふつうの習熟化への代償とみた方が自然であろう。もちろん、一部のベテランパート賃金は職能給化したのであろう。ただし勤続一〇年ていどのパート全体をとると、かならずしもそうとはいえない。もっとも、時間給一本から社内資格をいくつか設け、昇給を査定つきでおこなう傾向がでてきたことは、たしかであろう。

正社員初任給との「均衡」

さらに、本田［二〇〇七］は当然ながら正社員とパート賃金の「均衡」につき言及する。それはまことに大事な論点なのだが、他産業の事例をみてきたわたくしからすれば、やや解せない点がのこる。説明しよう。

事例はチェーンストアで、パート賃金の「正社員化」をわりと熱心におしすすめている産業レベルのある労働組合の話である。その組合は誠実にも、パートの企業ごとの最低賃金を協定しよう、という目標をたてる。

ただし、やや奇妙なことに、その目標値はその企業の高卒正社員の最低賃金のレベルにまでしたい、というようだ。具体的にいえば、この産業レベル労働組合の傘下のある事例すなわち企業では、その時点でこの目標値にしたがえば、時間あたり八七〇―八八〇円となるべきなのに、実際はまだ七〇〇円ほどで、それにおよんでいない、と記されている。

パート賃金の企業内最低額を設定しようという、この労働組合のとりくみを評価しないのではないけれど、他産業をみてきたものの目からすれば、なお吟味すべき点がある。まず疑問は、目標値を高卒正社員賃金の最低額におくことである。第3章でみたように、たとえば自動車産業の非正規つまり「期間工」の賃金は、二〇歳代半ばの高卒正社員なみのレベルがふつうであった。一九六〇年代以来の相場のようにおもえる。

より具体的にいえば、両者の賃金の「交点」の年齢である。「交点」とはなにか。自動車の期間工賃金はほぼ定期昇給がなく、年齢にかかわらずよこばいであった。他方、ブルーカラー正社員賃金は中年までほぼ右上がりのカーブであった。もちろん個人による分散は小さくないけれど。つまり平均をとれば、正社員賃金はわかいときには期間工賃金を下まわるのであった。両者の賃金の交点が、多くの時期でほぼ二〇歳代前半であった。

もちろん交点は労働需給により移動する。労働力不足期なら臨時工賃金はどんどんあがり、もっとも不足がはなはだしかった第一次石油危機直前には、三〇歳代前半が交点となった。さすがにこれには正社員たちが反発した。仕事内容からみて当然の反発であろう。この点は労働需給がふつうの状況になれば、すぐにもとにもどったが。

そして、この交点はなにもわたくしの狭い見聞の範囲にとどまらず、日本の不熟練労働者賃金の政府統計と、賃金構造基本調査の数値を比較すれば、まことに一般的であることがわかるであろう。

ここに吟味すべき問題点がある。どうしてチェーンストア業界ではパートの賃金が、もちろん時間あたりの賃金でくらべて、高卒正社員の最初の賃金より低いのか。なぜ自動車産業の非正規賃金が高卒正社員の最初の賃金より、二〇代前半までは高いのか、その理由はなにか、という問題である。もっとも自動車の交点は、正社員のボーナスを抜きにしての話であった。ボーナスをふくめれば、この産業間の差は縮小する。それにしても、なお差はのこるようだ。なぜチェーンストアのパート賃金は、その意味で自動車にくらべやや低いのだろう。この文献はこの論点の存在の指摘もなく、それへの示唆もみられない。

脇坂〔一九九八〕、中村〔一九八九〕の貢献

本田〔二〇〇七〕は仕事の分析にていねいである。ただし、すぐうえに指摘した問題にとどまらず、他産業の非正規労働者問題の根幹、人材選別機能への関心がみられない。パートがパートのまま「基幹」業務に進出するさまの観察にとどまっている。それはパート内部での人材選別機能を意味しよう。しかし、正規への昇格の際の選別機能にくらべ一段とよわいだろう。それはチェーンストア業界では、もともと非正規の正規昇格がないからか。あっても例外的にすぎないほど少ないからか。それともこの文献の視野の外なのか。

別のいい方をすれば、いわゆる「不本意パート」――正社員になりたいのだが、その機会にめぐまれずやむなくパートとなっている――はチェーンストアではあまり存在しない、ということになる。そうすると、いくつかの仮説が考えられ、あらたに吟味すべき論点がでてくる。そうえの疑問をすくなからず解明した見解として、脇坂、中村の文章をみたい。ここでは脇坂[一九九八]、同[二〇一一]を中心にみていく。というのは、それがパートの仕事内容を詳しく分析した中村[一九八九]の見解をていねいにふまえ、多くの調査結果をきちんとみているからである。中村の見解は「基幹パート」「補完パート」という概念を創出し、検出した先行者とみるべきだろう。ただし、正社員への昇格の可能性をさぐる、という視角にとぼしい。脇坂[一九九八]は、正社員昇格をも視野に入れている。また、本来のかれ自身の事例研究の記述のみならず、その概念構成、諸研究の展望の面ですばらしい。ただし、その大半のページは正社員の間の男女の分業の分析である。うち第六章がパートをとりあつかう。さらに脇坂[二〇一一]は一段と立ち入ってさまざまなアンケート調査、また関連研究をていねいに吟味し、深くこの問題を追及している。

二種類の「不本意パート」

論点のひとつは、「不本意パート」の多寡である。本田[二〇〇七]はチェーンストア分野では、不本意パートがあってもごく少ない、との前提にたっていた。明記されていないにしても、その論旨からそうおもえる。他方、脇坂[一九九八]はそれを基本的な統計、またさまざまなアンケート調査から吟味する。しかも吟味の際の概念(concept)の設定が見事である。

そのすぐれた概念設定のゆえに、脇坂［一九九八］はさらに分析をふかめる。まず、いわゆる「不本意パート」がせいぜい一割余にすぎないことを、さまざまな調査から確かめる。そして貴重なことに、その数値は、イギリスなど他国と大同小異であることも指摘する。

そのうえで、脇坂［一九九八］は不本意パートをA、Bの二種にわける。「不本意パートA」とは正社員を希望したが、正社員の働き口がなかったからパートについている層である。これにたいし、「不本意パートB」はいまは「家事、育児、介護があるため」パートを選んだ人とする。ある調査によって、パート全体を一〇〇として、そのうち不本意パートAは一割強、不本意パートBが四割強、のこりが「自発的パート」とみる。つまり、いまのところは家事、育児に追われ、正社員を希望しない不本意パートが結構多い。逆にいえば、子供の手がはなれると正社員を希望する可能性が大きい、とみたのである。

しかも、その不本意パートBの途は、ときにはなばなしい。わたくしのせまい見聞の範囲内でも、主婦パートかられっきとした正社員の管理職に昇格する例がある。一例だけあげておく。それは山形県の小型モーター製造工場の事例である。この工場は五〇〇〇人規模の企業の主要工場で、けっして中小企業ではない。その主要工場の生産部門の、もっとも重要な課長、製造第一課長は、主婦パート出身であった。わかい主婦が初期の子育てのあと、この工場のパートにでる。同居の老人が子供をみてくれる。「きわめて優秀」と工場経営側がみとめるのだが、そのすぐれた素材をどんどん活かし、やがて正社員になり、のみならず、もっとも重要な生産ラインを担当する製造第一課長となった。

おそらくいわゆる地方では、比較的めぐまれた素材の男性は大都市に職を求めがちとなり、他方その分すぐれた素材が女性により豊富なのであろう。こうした傾向は、うえの例は大企業だが、中小企業ならなお多くみられよう。均等法関係の政府統計が一九八八年以降ある(「女性雇用管理基本調査」のち「雇用均等基本調査」)。それによって企業の管理職の男女の割合をみれば、もともと女性の割合が大企業より高いのは中小企業なのであった。つまり、さきの例は大企業では少数ではあっても、日本全体をとれば、まったくの例外とはいえまい。なにより日本は中小企業が圧倒的に多いのだ。

ただし、制約がある。うえの脇坂の算出した割合の数値は、卸売小売にかぎったものではなく、個人へのアンケート調査にもとづく。だからこの数値をそのまま卸売小売のものと受けとることはできない。とはいえ、パートが多いのは卸売小売だから、「不本意パートB」が、チェーンストアにもすくなくない、といっても大過なかろう(一四六頁)。

しかも脇坂[一九九八]は労働時間から見て正社員とあまりかわらないパートを「疑似パート」とよび、さまざまな調査からパート全体の六分の一ほどとみる。そしてそれが卸売小売では少ないものの、製造業、とくに家電関係に多いことをみいだす。

こうした事実は、非正規労働者のふたつのモデルをみちびく。ひとつはチェーンストア型、他は製造業型である。なぜふたつのモデルがあるのか。どちらが主流となるのか。それとも併存していくのか。その理由はなにか。およそこうした吟味は、寡聞のかぎりでは、これまでの文献にはあまりみられない。わずかに脇坂［二〇一一］は短時間労働を重くみる意見や行動に注目する。そして「短時間正社員モデル」を提示する。それは脇坂［二〇一一］の短いながら描くモロゾフの事例が存分にしめす。正社員—短時間正社員—正社員のモデル、またパート—短時間正社員のモデル、その双方をしめす。それをふまえわたくしの仮説を展開する。節をあらためて記す。

4 ふたつの途——仮説

ふたつのモデル

非正規労働者につき、ふたつのモデルを考えている。「恒久的短時間準社員」モデル、すなわち長期勤続パートと「昇格可能型非正規労働者」モデルである。前者から説明しよう。

それはさしあたり脇坂の強調する重要な概念「短時間正社員」モデルと似るかにみえる。脇坂の強調するこの概念の具体例を、わたくしはスウェーデンの研究所に短期ながら勤務した折よくみた(2)。女性正社員がそのキャリアのうち子育ての間だけとる雇用形態であった。いわば期限つきであった。時間給は正社員とかわらない。その期間はかなり長い。わたくしがその地に勤務した一九九〇年ごろでは、子供が小学校四、五年生になるまでの期間であった。保育所への迎えの時間を考慮したものであった。その期間のあとは、またフルタイムにもどるのである。それはいわば「期限つき短時間正社員」というべきであろう。

他方、本田［二〇〇七］が描く鮮魚売場担当の主婦パートは勤続一八、一九年であった。そうした存在は、事実上の恒久的短時間「正」社員の途となるはずのものかもしれない。なぜそうならないのであろうか。本田［二〇〇七］にはその説明はない。その実際の状況は「準社員」といわざるをえない。それをかりに「恒久的短時間準社員」とよぶ。それが日本のチェーンストアの非正規労働者の状態をしめしている。本田［二〇〇七］の「基幹パート」とおなじことなのだが、将来の見通しをふくめて、あえて「短時間正社員」の概念をかなり借用して「恒久的短時間準社員」とよぶ。

それはよわいながら人材選別機能をもつ。パートや非正規のなかで、いくつかの技能階梯に分け、社内資格を設け、昇格があり、昇給があり、査定がある。その点は中村［一九八九］のすでに指摘したところであった。しかし、まだ似た仕事を担当する正規労働者に時間あたり賃金でもおよばない。

もうひとつのモデルは「昇格可能型非正規労働者」モデルである。製造業など多くの産業でみられる。非正規のうちはあまり技能階梯、社内資格はない。しだいに設けられたところもあるが、概してすくない。そのかわり、正規への昇格の途がある。希望者全員が昇格するわけではなく、そこに選別があるが、昇格はけっして例外的な少数ではない。

なぜおなじ戦後日本のなかでふたつのモデルが生じたのか。その理由はなにか。またそのふたつの途のうち「短時間正社員モデル」の途はいずれか。

ふたつの理由

ふたつの途が生じた理由は、おそらくふたつの条件が考えられる。ひとつは労働時間の、ときにおこる長時間化の必要の度合である。一般的にいって需要は変動する。あるいは供給側も変動する。欠勤者のやや多い日もあれば、人手不足の時期もある。その対応が非正規にももとめられることもあろう。

もちろんチェーンストアでも、閉店後の作業がわりとあるようだ。売り場の陳列替え、どの商品を目玉にし、それをもっとも売れ行きのよい場所におく、などである。わたくしの尋ねたところでも、その陳列替えをたびたび経験しないと、なかなかその人材がのびない、と聞いた。短時間準社員はこうした変動時間分をあまり負担しない。負担したくない人たちが選択する途であろう。その分似た仕事をになう正社員より、時間あたりでみて賃金がやや低くなる。それを甘受せざるをえまい。

その理由はふたつある。ひとつは、なぜ残業に割増率が存在するか、それとかかわるまい。もうひとつの、より重要な理由は、仕事の内容のあるていどの高度化、すなわち変化や問題への対応の度合である。それはふつうは正社員に期待される仕事内容である。さきの理由の説明の最後が、その小さな例となろう。閉店後の売り場の模様替えの仕事も担当するかどうかである。

もっと大きなことは、正社員に店のなかのひとつの分野のみの担当を要請するか、それとも店のなかで複数の分野、またおなじ分野にしてもさまざまな店を担当できるよう要請するかどうか。さらに、その複数の分野や店の経験をもとに、ひとつの店から離れ、一段上の地域組織や本部の仕事をも担当することを期待されているかどうか。

そこに分岐点がある。正社員のエリート重視と中堅層重視の別である。エリート層にさまざまな移動を要請するのは当然として、中堅層にもそうした移動を要請するのかどうか、である。後者なら、勤務地の移動もこなさねばなるまい。そうした中堅層としての正社員とくらべるなら、いま店で似た仕事を担当していても、準社員の時間当たり賃金は当然に低くなろう。

うえのふたつの理由は、そのまま非正規から正規への昇格を大幅に実施するかどうかをきめる。うえのふたつの条件をいずれも承諾する人が昇格への途を選択する。

チェーンストアと自動車の差異、また西欧との差異

さらに、うえのふたつの条件の多少が、チェーンストアと自動車産業の差異を説明するだろう。まず労働時間の変動をみる。どちらにも変動はかならずある。ただ、その変動の大きさに差があろう。チェーンストアは需要の変動があっても、開閉店時間をまず変えない。閉店後も仕事

があるけれど、それは全員の就業を要しない。他方、自動車工場は需要の変動におうじ、生産ラインの稼働時間そのものを変動させる。そして生産ラインの従事者の全メンバーの就業を要する。一部が欠けては、全ラインがとまる。

もっとも自動車工場の稼働時間でも、人を多少増加したりあるいは減少したりして、対応するすべがないではない。ひとりひとりの作業内容をわずかに配分しなおして対応するのである。具体的にいえば、最終組立ラインをとると、一台つくるのに六〇秒から七二秒に変えたりする。人を二割へらし、二割減産する。といっても、ひとりのおこなう作業範囲は二割ふえる。それゆえ、いかに日本国内の工場といっても、それは面倒な準備を要する。個々の職務内容を組み替えるのである。それはすぐにはできない。そうひんぱんにおこなうものでもない。したがって、ラインにはいる非正規がその稼働時間の変動を分担しなければ、生産ライン全体がうごかなくなる。短時間をまもる非正規では困ることになる。

もうひとつの条件はどうか。自動車の正社員ブルーカラーは、その職場内では持ち場を移動する。なかでとくに見込まれた人は、となりの職場へも移動し経験をひろげる。そうした人たちがいわゆるパイロットチームにはいり、モデルチェンジのとき、生産ラインから一時期離れ、新モデルや新生産ラインの設計に発言するのである（小池［二〇〇八］とくに第四章）。そして海外工場のインストラクターや監督者としてキャリアをのばしていく。

だが、工場間の移動は、雇用変動のはなはだしいときにかぎられ、それも数か月という期限つきであって、数年にわたる移動ではない。その意味では、この条件は正社員にとってチェーンストアの店間移動より、むしろゆるい。それというのも、自動車産業では、なにも日本にかぎらず、ブルーカラーとホワイトカラーの二グループがあるからであろう。ホワイトカラーは事業所間移動がむしろ通例のグループである。

日本のチェーンストアの正社員はそれを統一したために、かえって非正規の正規への登用をすくなくしたのではないだろうか。つまり正社員であれば店間、課間の移動をしていく。そうした移動をもとにしてさらに上位の職をめざしていく。そうしたキャリアの構成が、パートから正社員への昇格を妨げているのではないか。それがわたくしのさしあたっての仮説である。その後の事実の進展に照らして検証したいが、もはやその体力をうしなった。

この後者の理由が、なぜ日本のチェーンストアではパートの正規社員への昇格がとぼしく、そのかわり基幹化が進み、他方西欧やアメリカのチェーンストアでは店の正社員が多くパートから昇格するか、を説明しよう。店の正社員にはあまり高度な仕事を要請しないのである。本部による標準化がすすみ、店での変化と問題への対応がよりすくなくなる。そのかわり、特急組というか管理職候補たちが、店の面倒な仕事、本社の仕事をはやくから担当する。それゆえ店の正社員への選択にこころをつかうことはない、というのだろう。

この西欧とアメリカのタイプと日本のタイプの差異、その経済効果について、一言しておきたいことがある。それはレベルの高い中堅層が日本の店で断然厚くなる、ということである。店で客層におうじた対応ができる。その利がある。それをさらに支えのばす方途として、脇坂の強調する短時間正社員の途——子育てが一段落したあと、また正社員に戻る——が、将来の日本のチェーンストアでは重視されるのではないだろうか。

第5章　設計技術者

1　一九六〇年代のアメリカ

内部からのするどい観察——松浦『米国さらりーまん事情』

この章はホワイトカラー、とりわけ技術者、それも設計技術者を対象とする。これまでの話では、非正規といえば、ブルーカラーやスーパーの店の販売担当者など、企業のなかでやや中堅層ないしより下の層、と受けとられるかもしれない。しかし第2章でアメリカの例をみたように、非正規労働者問題は、もちろんそれにとどまらない。専門職にもおよぶ。その専門職の例として、ここでは製品設計技術者に焦点をおく。これまで非正規労働者として技術者に焦点をすえる文献はすくなく、ましてや製品設計技術者に注目する文献はとぼしかった。それが二〇〇〇年代に入ってから調査報告がぞくぞくとでるようになった。

とはいえ、すぐさま日本の状況に入らない。この本の通例にしたがい、まずアメリカの非正規設計技術者からみる。日本特有などと誤解されないためである。それも航空機設計技術者である。まことに子細な観察を記した貴重な文献があるからだ。松浦［一九八二］である。

松浦［一九八二］は著者自身の体験、見聞をおもに記している。そこで、かれの経歴をかいつまんで説明しておく必要があろう。敗戦後小学校教員を短期間つとめたあと、アメリカに私費留学する。その間のなみなみならぬ努力はすべて省略し、仕事経験にかかわること、それもアメリカの非正規設計技術者に関することにかぎる。一九六一年オレゴン州立大学航空工学科卒、のち一〇年ふたつの米航空機メーカーにつとめる。

はじめの職は外国籍ゆえなかなか得にくい。学部時代の優秀な成績のゆえであろう、さいわいにも中堅航空機製造会社、太平洋岸北部のオレゴン州からはるか離れたオクラホマ（テキサスの北となり）のエアロコマンダー社設計技術者となる。一〇〇〇人規模の企業の正社員である。三年の後、友人の誘いでボーイング社の非正規設計技術者を三年半、さらにそこの正規社員となる。

その後は他の米企業あるいはその日本支社につとめ、当時の米企業をよく知る人、とおもわれる。しかも、わたくしのみるところ、アメリカの実状を見抜くするどい目をもつ。ただし、日本の企業については、やや通念に沿う見方がある。会社大事とおもうのが日本企業の従業員、などという記述である。

ここでは、とりわけボーイングでの非正規の航空機設計技術者の経験を中心にみる。その文章はまことに貴重である。わたくし自身も一九八〇年代、アメリカの航空機メーカーを尋ね、話を聞いたことがある。ロスアンジェルスのロッキード本社である。そこで非正規の設計技術者の存在が、米航空機製造業界では一般的なことを知った。松浦［一九八一］は公刊されたときにすぐ読んだ。ここでの視点から再読し吟味したい。

ここでの視点とは、いままでの章と違わない。人材選別機能の有無、そのていど、雇用調節機能、低技能仕事担当機能などをみたい。それにはまず仕事の内容、そして正規社員の仕事との分業、競合を吟味するしかない。その貴重な情報が書かれているのである。

航空機設計者

ボーイング社は当然に正社員の設計者を雇用していた。そのほかに、「契約技術者 contract engineer」とよぶ非正規の設計者もいた。その割合は、そのときどきにもよろうが、松浦がボーイングの非正規になった時点では、設計のある部門をとると、三分の二が非正規であった。かれは派遣会社からの派遣設計者としてボーイングで働く、という形になる。当時、航空機製造への需要が対ソ連との緊張関係で拡大し、したがって設計者にたいする需要の急増があった。

前のエアロコマンダー社での仕事は小型双発高翼機設計で、在職のおわりごろには標準型を高度撮影用に改修する仕事についていた。つまり小型機中心ながら、航空機設計者として三年の経験があった。その派遣会社はボーイング向けとして、二年以上の航空機設計経験者をもとめ、松浦はそれで採用され、ボーイングに派遣されたのである。

ボーイングでは主翼設計部に配置された。そこは社員四〇人ほど、七二七型機の保守改良設計に従事していた。うち少数が七三七型のごく初期の設計にとりかかる。かれは正社員中堅技師と二人でチームをくみ、七三七型機の主翼の三段フラップの設計にあたる。そのチームは増員につぐ増員で、わずか六か月後には社員三人をふくむ一一名となった。ところが、そのリーダーの正社員がさらに大きな別のチームの主任へ移動、そのあと松浦が非正規のまま、このチームの「ボス」となる。

そして松浦は「技術者A」から「技術者B」に昇格した。この技術者A、Bとは、ボーイング社の非正規メンバーの格付け資格とおもわれる。当然にサラリーもあがったであろうが、その金額は記されていない。ふつうチームの「ボス」は正社員がつとめるのだけれど、このチームのばあい初期からの仕事をよく知り、したがってフラップの各分野を知る松浦がついた、とかれは説明する。七三七型設計などで一年半、そのあと七四七型担当に移って二年、合計三年半非正規の後、ボーイングの正社員に昇格する。

昇格制度があること、案外に長い非正規期間であることがわかる。ただし、非正規からどれくらいの人が昇格したか、その割合は不詳である。非正規労働者問題がこの松浦［一九八一］の主題ではないので、やむをえない。おそらくその割合は労働需要の状況によって大いに動くが、概して少なくないであろう。ただし、割合がわからないために、人材選別機能があることは確かでも、その機能のつよさまではわからない。ただ、さきにもふれたようにロッキードでの見聞がわたくしにはある。けっしてボーイングだけの事象ではない。

非正規のサラリー

これまでたんに「非正規」といってきたが、その内実を説明しよう。形は派遣会社からの派遣で、ボーイングからの要件は航空機設計経験二年以上とされる。したがって、日本の派遣の専門職と似てサラリーは高い。派遣会社はそれを「ピンハネ」すると松浦は記すが、それは派遣会社としては当然のことで、ここで注目すべきは、ボーイングが本人に支払った金額である。というか、派遣会社が本人に知らせたサラリー額である。時間給は六ドルと低い。だが、そのうえに「生活費補助金 per diem」一日一〇ドル、その他、であった。松浦［一九八一］によれば、その総額は前につとめた会社の退職時のサラリー、六五〇ドルにくらべ、二・八八倍になる、という。時間給と「生活費補助金」だけでも、一日あたり前職の二十数ドルを上回る。それに、残業手当などさまざまな「その他」をいれた数字なのだ。ちなみに、アメリカの正規技術者はわたくしの知るかぎり、残業への支払いはない。いわゆる「イグゼンプト exempt」である（小池［二〇一五a］第二章参照）。

そのかわり雇用保障は二週間、あとは即刻解雇あり、つまり解雇予告期間なしの解雇があり得る。すなわち雇用調節機能はきわめて高い。もっとも実際に解雇された人の割合は不詳である。なお、この非正規設計者のサラリーが、ボーイングの正社員にくらべどれほどにあたるかはわからない。金額の記述はない。ただ、ボーイング社員でかれのチームで働く正社員たちの反応が書いてある。「生活の安定を重視する落ち着いた妻帯者たちは、たとえ高給をとれるにせよ浮草のようなＰＤ（非正規のこの職場での呼称、per diem の略）にはなりたくない」という声がある。他方、わかい社員は「高賃金に魅力を感じて、機会があれば自分もなりたい」ともらす、と記している。ここから察するに、ボーイング社の正社員、とりわけ若い層のサラリーと比較してより高い、とおもわれる。

ただし、米企業の正規技術者のサラリーは社内資格と査定による。社内資格は勤続をつむと概して高まる。同じ社内資格にとどまっていても査定つきながら定期昇給があり、サラリーはその範囲給の上限まで、つまり五割くらいは高くなる。そうじて日本の大企業に似て右上がりとなる。どの勤続層あたりで非正規と正規のサラリーの交点がくるのか、残念ながらわからない。ただ、もしも勤続を相当積んだ正規層よりも非正規が高いなら、どうして人は正規社員になるのだろう。おそらくは比較的わかく、まだ社内資格の低い層とくらべるときは、非正規のサラリーが高いのであろう。そうでなければ、正規社員の存在が理解できまい。あるいは、正規社員の雇用保障がきわめて高く、他方、非正規社員の雇用がよほど不安定で、ごく短期でぞくぞくと解雇されるのであろうか。とはいえ、非正規とはいえ設計技術者であり、かれが担当する仕事が短期に消滅するとは考えにくい。それとも、正規社員と非正規社員の設計能力にあまり差がないのであろうか。もしそうなら、正規社員をかかえておく理由が、市場経済を前提するかぎり理解できない。おそらく、そうした推理とは逆のゆえに、松浦はボーイングの正社員となるのだろう。

あえて憶測をいえば、それは技能のある、戦後日本の造船業の社外工の存在と似ている。いまの非正規とちがい、一九五〇年代、六〇年代の社外工は、なかにかなり技能の高い層が含まれていた。そうした存在との類似性、すくなくとも市場経済を前提にした論理の共通性があるのだろう。

2　日本の非正規製品設計技術者

佐藤プロジェクトの成果

一九六〇年代のアメリカの状況を描いたが、日本で非正規製品設計技術者を分析した文献の出現は、管見のかぎりではかなりおくれる。技術者派遣のビジネスとしての存在は結構さかのぼる。業界抜群の一位をしめるメイテックが設立されたのが一九七四年、さらにふるい企業は一九六八年という。とはいえ、それが急増し世の注目をあびるのは一九八〇年代であろうか。メイテックも航空機産業を中心に急成長していた（岸［二〇〇五］三二頁）[1]。だが、その分析、それも仕事の内容に立ち入った分析はどうしてもおくれるようだ。

仕事をもかなりくわしく観察した研究は、わたくしの知るかぎりでは、佐藤博樹を中心とする東京大学社会科学研究所グループの仕事であろうか（以下、佐藤プロジェクトとよぶ）。それはアンケート調査のうえに、事例調査をかさねる。ただし、その分析の含意はかならずしも明晰ではない。というのは、ここで関心をもつ人材選別機能、雇用調節機能などの分析概念が、いささか鮮明でないかにおもわれるからである。市場競争の論理をもうすこし重視すれば、さらに実態にせまったのではないだろうか。そこでのこされたものを、この本の視点から吟味したい。

佐藤プロジェクトは、公刊されたものにかぎっても、わたくしの知るかぎり、つぎの五本の調査報告となる。

イ．佐藤博樹、佐野嘉秀他［二〇〇五ａ］メーカーすなわちＩＴユーザーの設計部門担当部課長へのアンケート調査
ロ．佐藤博樹、佐野嘉秀他［二〇〇五ｂ］派遣会社大手五社への事例調査
ハ．佐野嘉秀他［二〇〇八］ユーザー四社の事例調査
ニ．佐藤博樹、佐野嘉秀他［二〇〇八］派遣会社技術者個人へのアンケート調査
ホ．佐藤博樹他［二〇〇九］所収の高橋康二論文（一〇一―一一六頁）

派遣製品設計者につき、そのユーザー、派遣会社、派遣技術者、それぞれにアンケート調査を実施し、前二者については事例調査もおこなった。あと、ユーザー側で派遣設計者とともに働いたメーカーの設計技術者への調査があれば、ほぼすべての関係者をカバーしたことだろう。まれにみる仕事といわざるをえない。しかも、派遣先のメーカーの正社員と、派遣者の間の仕事の分業、競合については、これ以上は無理とおもわれるほどのていねいさで探っている。そのくわしい内容は上記の文献をみていただくとして、ここでは、まず、仕事の分業、競合を極度に要約して記す。というのは、それなしには、ここで知りたい機能に迫るのはむつかしいからである。そのうえで、この文章の視角からの吟味を書く。

仕事の分業、競合

これらの調査報告を通じ、仕事の分業、競合については、まことに鮮明な図柄が描かれている。とくに高度な仕事、具体的には企画、顧客との折衝、コストにかかわる部分、管理の仕事、こうしたことは派遣先、つまりメーカーの正社員がしっかりとにぎっている。もちろんボーイングで非正規ながらボスについた松浦のような例外はあろうが、基本的にグループの長は正社員である。

他方、派遣された技術者は、製品設計の基本の枠組みがきまったあとでの仕事を担当する。それを設計図におとす作業である。設計の仕事を簡略化していえば、構想設計と詳細設計にわかれる。派遣技術者は構想設計には例外的にしかかかわらない。構想設計がきまったあとで、詳細設計あるいは部品設計を担当する。すなわちCAD computer-aided design の操作である。この辺は、ユーザーの正社員設計技術者でもわかいうちにマスターしなければならず、業務は正社員の若手とかわらない。そして、その分業と競合は生産職場のばあいともかわらない。

さらにその後の業務も、派遣者の担当するところであった。詳細設計のチェック、試作用の設計のチェック、そうした検査、そのまえの実験などを派遣技術者は担当する。もちろん派遣先の正社員の若手技術者も担当する。そうでないとメーカーの技術者は育たない。

しかしながら、もしこうした分業におわるならば、派遣会社の技術者はなかなかその技能を向上できない。向上にはより高度な仕事につくほかない。その点をめぐって、派遣会社とユーザーとのせめぎあいがある。ユーザーは優秀な派遣技術者を長期に自社に継続して派遣してもらおうとする。他方、派遣会社は優秀な技術者をひきとめようと、より高度な仕事につく機会を用意する方策をとる。その方策とは具体的には、他の派遣先に移動させ、より高度な仕事の担当者としておくりこみたい。佐藤プロジェクトの五本の調査報告は、この問題をめぐる両者のせめぎあいをおもに描いている。わたくしにはそう読みとれる。

だが、わたくしにはもっと重要なことがある、とおもわれるのだ。いや、そのせめぎあい、その底にある問題をつきつめていけば、非正規労働者制の肝要な機能にゆきつくはずだ。その追及があまりみられないのが残念である。

機能

非正規労働者制度の肝要な機能とは、これまでの指摘をくりかえせば、基本的には三つある。第一、ユーザーにとっての人材選別機能、第二、ユーザーにとっての雇用調節機能、第三、ユーザーにとっての低技能職務の担当機能。ユーザーの面ばかりみているようだが、そもそも需要がなければ、この制度ははじまらない。そうじていえば、市場競争を前提にするかぎり、ユーザーの競争力を高める機能がないと、ながつづきしまい。

さらに、派遣元企業の機能も考慮しなければなるまい。派遣元は同じ専門分野のさまざまな派遣先に派遣労働者をまわしたい。そうしてその経験をゆたかにして専門の技能を高めていく機能である。それは第3章第4節でみた、ひとつの生産ラインを自社スタッフだけでまるまる担当する事例に似る。

ゆくゆくは完全外注型、あるいはリース工場型をねらう、とみることができる。このタイプの機能は、この章の最後の小節であつかい、その得失を吟味する。

まずは、この調査報告で明白な第三の機能、低技能職務担当の機能から説明していく。というのは、製品設計者であれば、かなり高度な技能の担当者とみられるからである。専門職ゆえに低技能職務担当者とはみられない。だが、その専門職のなかでは、つまり製品設計者のなかの仕事分担からみれば、この機能は歴然と認められよう。おもにCADを操作し、基本構想を、詳細設計、部品設計におとし、さらに試作、検査、実験という、詳細設計図以降の仕事を担当している。社会的には高度な仕事であっても、その分野のなかでは比較して低技能の事柄を担当する。それはこれら五本の調査報告をつうじ、はっきりと認められる。

この仕事分担には、初期の派遣設計技術者の状況が影響しているかもしれない。初期の派遣設計技術者は、その学歴などから、メーカーの設計技術者よりやや劣るかにみえた。大卒は少数で、高専、専門学校、あるいは高卒もすくなくなかった。他方、説明するまでもなく、ユーザーすなわちメーカーの大企業では、社内の技術者のなかでも優れた人材を製品設計にあててきた。それならば、人材としての差は否定しがたかったであろう。

だが、佐藤プロジェクトが対象とした時期、二〇〇〇年代はじめでは、かなり事情がちがってきた。対象事例の派遣会社の学歴構成が報告されている。ほぼ大卒中心、一部には院卒もいるようだ。もしそうであれば、この低技能職務担当機能だけではすむまい。他の機能をみていけば、その点はしだいにはっきりしよう。

雇用調節機能のコスト

第二の雇用調節機能をみる。一見、説明するまでもなく明白とおもわれよう。たしかに設計の繁忙期、またその波におうじた増減など雇用調節機能があるのは、うたがいもない。だが、ことはそれほど簡単ではない。価格、コストの問題がある。学歴構成がしめすように、かりにメーカーのスタッフとの人材の差が多少とも小さくなっているなら、派遣単価はどうなるか、それによってどのような問題がおこるか、という点である。

ふつうは非正規でありさえすれば、より低賃金、低コストと想定しているかにみえる。また、この調査はユーザーへのアンケート調査での答えで満足している。コスト節約になるとの通り一遍の答えですまし、なぜそうか、その理由を立ち入って調べていない。したがって、コストは割高にならないかを、あらためて聞いていない。だが、はたしてそうか。

雇用調節機能をはたすためには、それなりのコストをユーザーは派遣会社に、そしてそれをつうじて派遣技術者にはらわねばならない。「派遣単価」つまり時間あたり派遣会社にはらう金額はどれほどか。かりに技能レベルに差がないとする。それなら、大企業の正社員の設計技術者のサラリーよりも、かなり高い単価をはらわねばなるまい。メーカーの大企業からすれば、募集、選考、採用、訓練の一部、さらに正社員解雇のコストを節約できるのだから、派遣会社が技能への報酬にそれらのコストを上乗せするのは当然であろう。技能に差があれば、それだけ派遣単価は下がってくるであろうが、派遣会社がその人材を高めてきたならば、それも考慮にいれねばなるまい。

その点は、米ボーイングの松浦の見聞でもかなり知らされた。数値としてはなお不詳の点がのこるが、松浦［一九八二］の説得力は高い。日本はどうか。日本の分析者はあまりその点を検討せずに、非正規社員の賃金が一段と低い、と想定しているかのようだ。その点はどうか。

派遣単価と大企業サラリーの比較

この調査報告は一、二の派遣会社の派遣単価を記している。高いところで平均時間あたり三四〇〇円、他方三二〇〇円という二つの金額である。これは派遣技術者平均の単価で、派遣技術者個々のレベルでいえば、低いレベルでは三〇〇〇円、きわめて高い方で四〇〇〇円だという。

もちろん、これは派遣技術者にはらわれるサラリーではない。サラリーはこの派遣単価から、いろいろ引き落とされた、残りにすぎない。それがいくらかは、この調査報告では記されていない。この派遣単価をもとに、大企業技術者サラリーと比較してみる。ユーザーの大企業のコストの視点からすれば、この方がむしろ意味があろう。

対比すべきユーザー大企業技術者のサラリーは、調査報告にはなんの分析もない。ごく一般的な「賃金構造基本統計調査」によるほかあるまい。その年齢別の集計表をとることになる。というのは、労働時間あたりに換算して比較しなければならず、労働時間数の集計があるのは年齢別の集計となるからである。賃金構造基本調査の誇るべき年齢かつ勤続別集計ではない。その年齢別の表からいくつかの前提をおいて算出したのが、表5-1、大企業大卒の年齢別、時間あたりのサラリーである。さきの派遣の単価とくらべるために時間あたりで算出する。しかもボーナスをいれて算出しなければならない。おおまかになるが、ひとつの参考数値としてごらんいただきたい。なお、時点は佐藤プロジェクトとほぼ対応できる二〇〇四年調査をとった。

表の意味を説明するまえに、表の数値の算出方法をややくどいながら説明しておかねばならな

表 5-1　年齢別大卒の 1 時間あたりサラリー——産業計，1,000 人以上企業規模，男性，2004 年（ボーナスを含む）

年齢	勤続年数	きまって支給する給与月額(千円)	年間賞与その他特別給与年額（千円）	年間労働時間（時間）	1 時間あたりサラリー（円）
20–24	1.3	252.0	381.6	2,172	1,568
25–29	4.0	318.0	981.3	2,208	2,172
30–34	8.3	402.3	1,433.4	2,172	2,883
35–39	15.8	481.0	1,923.4	2,188	3,517

注）算出方法は本文参照。
出所）2004 年賃金構造基本統計調査。

い。いくつか省いたからである。まず「産業計」をとる理由をいうべきだろう。製造業でもよいのだが、いまや情報産業の比重も増えてきた。それで産業計をとった。一〇〇〇人以上規模をとる理由は、佐藤プロジェクトの事例調査が派遣業ながらほぼ大手で一〇〇〇人以上であり、かつ、そのユーザーも大企業とおもわれるからである。

「きまって支給する給与」は残業をふくむ。月額である。だが、派遣単価と比較するには、年間のボーナスなどを含めねばなるまい。そこで、「きまって支給する給与」を単純に一二倍して、それと「年間賞与その他特別給与」をあわせ「年間給与」とした。こまかくいえば、その「年間賞与その他特別給与」の金額の半分ほどは前年のものであろうが、この時期、いわゆる賃金改定はすくなかったろうから、この点は無視した(2)。

それを年間労働時間でわらなければならない。それは、調査月の所定労働時間と残業時間をあわせ、それを単純に一二倍して年間労働時間を算出した。残業時間の数値などさまざまな問題があろうが、やむをえない。ほかによい資料、方法を知らない。

そのうえで派遣単価とくらべてみる。派遣単価は、大企業管理事務技術者の三〇歳代前半、いや後半層と匹敵する。派遣技術者の手取りは別として、ユーザーからすれば、派遣技術者を活用するコストは結構高い。とうてい若手正社員のサラリーのおよぶところではない。その点で、ボーイングの論理が日本にもすくなからず貫いていることを知る。市場経済で雇用調節機能を負担してもらうには、それなりのコストがかかるのだ。

だが、以上の話は正社員設計技術者の解雇がまずない、との前提での展開であった。もしその前提をかえれば、非正規派遣技術者は割安となろう。いったん正社員技術者を解雇しようとするならば、退職金の割り増しはもちろん、さまざまな紛争費など、経費はぴんとはねあがる。

もちろん、その点は正社員設計技術者の解雇の発生確率による。かりにそれがごく小さければ、やはり派遣技術者のコストは割安ではない。解雇費用、雇用調節機能をかなり負担している。逆にいえば、正社員方式のそれなりの経済性がくっきりと浮かびあがるのである。

それならば、ユーザーにとって、ボーイングとおなじく人材選別機能がないと、非正規社員は採算にあわないだろう。その点はどうか。

メーカーでの正社員昇格の途はあるのか

ここでようやく第一の機能の検討にはいる用意ができた。これらの調査報告はこの肝心の論点にわずかにふれる。しかしながら、あまり関心をしめさない。そもそも人材選別機能の認識がとぼしいからであろう。ただし、これだけ派遣価格が高いなら、なぜ第一の機能、人材選別機能がその認識にあまりでてこないのか。そうした疑問がうかびあがらなかったのであろうか。

これらの調査報告が一切この問題にふれていないのではない。わずかずつふれている。まずユーザーのメーカー設計部長たちの意見を聞いた、アンケート調査、佐藤・佐野他［二〇〇五a］からみる。その質問のひとつは、きちんと派遣から正社員の昇格についても聞いている。聞き方は「貴部門では(a)「応援や出向」や(b)「請負・派遣」の効果的な活用にむけて、どのような取組をおこなっていますか。あてはまるものすべてにマルを」とある。

一三の選択肢の真っ先に「優秀な人材を自社の正社員に採用する」がある。答えは(a)「応援・出向」ではゼロ、(b)「請負・派遣」は五二社中九社、一七・三％がそこにマルをつけている。ただし、長い要約ではあっさりとその数値を記すのみで、それ以上立ち入らない（一五頁）。それにこの聞き方では、実際にどれほどの昇格があったか、などは一切わからない。

もっとも、第三章鹿生論文はその意味を追及している。しかし、その内容はもっぱらウィリアムソンの枠組、すなわち派遣技術者の機会主義的な行動を抑制するための方策のひとつ、として吟味するのである。ユーザーは派遣技術者に大いに働いてもらうとする。だが、その促進手段はあまりない。派遣技術者のサラリーや昇進を、ユーザーは自分で直接には左右できない。そこで派遣技術者の機会主義的行動をなんとか抑制する方策として、メーカー正社員への昇格をみる。

それにしても「うわべの協力しか得られまい」という観測が結論であるようだ（四七、五七頁）。だが、派遣技術者の機会主義的行動は、もし派遣技術者が派遣元での信頼を多少とも考慮すれば、抑制されるはずであろう。また数日ではなく半年なり数年いっしょに働けば、真剣に働いているか、それとも適当にさぼっているか、経営者はともかく、ともに働いているユーザーの技術者にはまずわかるだろう。

わたくしのみるところ、ウィリアムソンは人材開発をあまりみない。その意味で静態的な説明となっている。技能の向上をほとんど考えない。鹿生はそれをそのままうけとっている。他方、人材選別機能があれば、その人材をより高度な仕事につけ、その技能をますます高めよう。この人材開発をともなう人材選別機能を見過ごすのはもったいない。

関心がすくないのは、ユーザー四社への事例調査（佐野他［二〇〇八］）もかわらない。いや、さらにとぼしい。まずこの点につき話を聞く、という姿勢がみられない。とはいえ、四社中一社には聞いている。その答えは、派遣会社との「信頼関係を壊さないために」正社員へ引き抜かない、というのであった（六〇頁）。では派遣会社は派遣先の正社員への昇格をこばむのであろうか。

大手派遣会社の態度、技術者個人の考え方

大手派遣会社の考え方はどうか。あくまでも拒むのであろうか。佐藤・佐野他［二〇〇五b］

は大手派遣会社五社の事例調査である。うち一社にその点の積極的な方針をみいだす。常用型派遣技術者一〇〇〇人をこえる大手だが、そこは派遣先の正社員への転職をむしろすすめている。その理由は、人的なネットワークが広がり将来の取引にむしろ有利、との考えである（二六、三九頁）。実際、ここは派遣技術者にすすめている、三〇歳前後には、派遣先への転職なり自分で起業するなり、将来のプランを立てるように、と。それを派遣技術者へのインセンティブとしている（三九頁、注18）。

なにもこの派遣会社にかぎらず、この大手派遣会社の事例調査によれば、離職者はすくなくない。多くは一般製造会社の技術者へ移動するようだ（たとえば九五頁）。うえの派遣先への転職をすすめる事例は、この離職傾向をふまえてのもの、とみられる。

派遣技術者個人の考え方はどうか。佐藤他［二〇〇八］はそうした人たちへのアンケート調査である。その質問二九は将来につき聞いている。「あなたはどのような働き方を目指していますか」である。一〇の選択肢をならべ、ひとつだけ選ぶよう尋ねる。選択肢のひとつに、「派遣先の会社に転職して技術者として働く」もある。それはわずか六％と少ないが、ないではない。そして「一般企業（製造企業など）に転職して技術者として働く」は二六・五％、第二位である。一位は「現在の派遣会社で第一線の技術者として働く」の三〇・五％だから、軽視できない数値とみるほかない。管理者や営業など他の分野への移動もふくめ現在の派遣会社で働く、との方向を選んだのはざっと半分である。つまり、なおとどまる希望は多いが、他社への移動を視野に入れている派遣技術者もすくなくない。

そうじていまのところ、派遣先の会社に転職して正社員として働くという途は、あることはあるけれど、まだ小さいといわざるをえない。大手ユーザーの設計部長へのアンケート調査では、一七％が派遣から正社員への登用を考えている。ただし、実績——これまでの登用人数などはわからない。将来はどうなるのだろう。アメリカのボーイングのように途がひろくなるのか、それとも、いまのままか。推論を試みる。

三つの途

おそらくは、三つの途が想定できる。a人材選別機能強化型、他方の極としてさらにふたつ、bそれを拒む派遣元、そしてcその分野の製造などに特化する完全外注型、あるいはその極限としてのリース工場型、以上の三つである。そのどれが制覇するというのではないけれど、いずれが増大していくか。それぞれの得失を吟味したい。

とりわけ製品設計者のような専門職では、しだいに人材選別機能が増大していくのではあるまいか。わたくしにはそうおもわれる。その理由を需要面と供給面、あるいは派遣先と派遣元から考えてみる。

需要側すなわちユーザーのメーカーから考える。専門職ならば、かなり高度な仕事をふくむ。それとそれを補助する仕事からなる。うえにみたように、a構想設計とb詳細設計ないしそのあとのチェック作業などとなる。そうした職務構造はかわらない、と仮定する。つまり二層の仕事の割合がかわらないとする。

肝要なのは、高度な仕事の担当者、その素材の見極めには、新卒採用の方式だけで充分か、という点である。新卒から構想設計を担当する人材への開発には、ながい時間がかかる。それに、よい人材を確保する確率がはたして充分に高いだろうか。新卒採用でよい素材を見極めるには、いわゆる銘柄校をえらぶのも確率をたかめよう。いうまでもなく、それでは観察材料がたりない。その後の仕事ぶりこそ選抜のきめ手であろう。派遣技術者を正社員に採用する途は、その探索範囲をひろげ、かつその仕事ぶりをじっくりと観察するよい機会である。その機会は派遣元の供給する人材が向上するほど、増大する。

さらに付随的な理由がある。派遣技術者からすれば、構想設計、基本設計に参加する機会ができる。また、派遣先すなわちユーザーからすれば、技術者の募集、選考、採用経費を削減できる。

供給側からすればどうか。よい人材をあつめた、という評判がたつ。それは派遣先と派遣技術者たちのどちらにも伝わり、ますますよい人材の登録を得よう。

だが、それでは派遣会社の理想像がくずれるととらえ、なるべく拒みたい企業もでよう。しかしながら、その方針ではよい人材をあつめることができず、派遣業界でもしだいに劣勢になっていくのではないだろうか。

完全外注の途

それに対抗する他方の極は、完全外注、あるいはリース型である。具体的にいえば設計事務所、あるいはいわゆるリース利用会社のばあいである。それならすべて自分のおもうままに人材を配置でき、すぐれた技術者があつまるかもしれない。ユーザーとしては、人材に恵まれない中小企業なら、そこに頼むことで充分採算がとれるであろう。

だが、ふたつのマイナス面がある。ひとつは最先端の技術開発をおこなう企業からすれば、企業秘密が漏れるおそれがある。したがって、そうした企業からは受注しにくいであろう。他は、新たな製品の開発、製造、またその製造経験や販売経験からえられるあらたなアイデア、それにもとづく斬新な構想設計のアイデアが得られない。それを失う。

企業秘密の漏えいのおそれを防ぐものとして、派遣の形態を維持すれば、はたしてすぐれた技術者層を育てることができるのだろうか。なるほど、ほぼ同業ないし関連の深い企業の設計を経験することはできる。その意味で技術者の技能向上の場がある。だが、肝心の深み、すなわち、あらたな製造、販売からのアイデア、それと製造との相互作用、それにもとづくあらたな製品の構想、その設計の機会を失う。

一時期、それを重視したアメリカ、あるいはいまもそれにのるアメリカの多くの産業分野の衰えが、それを示唆しよう。なにも製造業にかぎらない。三次産業でもその論理は同じように適用できよう。アメリカしかみないひとたちには、こうしたことはその視野にはいらないのであろう。

こうした面からみると、低技能職務担当機能、雇用調節機能をにないながら、ユーザーに人材を供給するという、派遣企業の途がみえてくる。その中でさまざまな工夫ができる技術者をあつめたい。それには人材選別機能の重視が欠かせまい。

終　章　ひとつの提案
――人材選別機能の重視――

1　中下位職のばあい

ふたつの部分

この終章は問題にたいするわたくしの提案をしめす。ただし、残念ながら、すっきりした部分と、多分にあいまいさを残す部分からなる。それゆえ結論ではなく、終章とした。

すっきりした部分とは、非正規労働者問題として通常とらえられている点についてである。それは事実上、下位中位職の担当者の問題である。あいまいな部分とは、もっと上位の職にかかわる。たとえば技術者や専門職である。そこにも非正規労働者はすくなからず存在する。そのことは、これまでの各章がアメリカと対比しながら明らかにしてきた。まずは、すっきりした部分から語ろう。

ここで下位中位職の担当者はだれか、を説明しておかねばなるまい。これまで各章であつかってきた例を念頭におく。とはいえ、多くのくりかえしは避けたく、そのひとつを例示するにとどめる。単純なくりかえし作業に終始する、と考えられている例である。そして非正規労働者もそこにかなり配置されている。量産の生産職場、たとえば自動車の最終組立ラインを例にとる。六〇秒単位のくりかえし作業で、一見なんの技能もいらないと思われている職場である。

そこで下位職の担当者とはどのようなひとか。ひとつの職場のなかで一五ほど持ち場があるとする。そのひとつ、せいぜい二、三を経験したばあいを考えている。中位とは、その職場で五―一〇ていどの持ち場を経験してきた。この両者の技能の差異は、すでにみたが、この章でものちに重要な点として再論する。

提案

いわゆる非正規労働者問題について、すなわち下位職中心に、さらに中位職にもおよぶが、つぎの二点を提案したい。

a 非正規労働者の正規への昇格制の整備

b いいかえれば、上記の条件つきで非正規労働者制の存続

とはいえ、aのいい方では、とても具体的な提案とはいえない。それを説明することが、この終

章のひとつの主要な役目である。ただし、その限界もある。次節でそれも説明したい。
昇格制の整備とは、みやすい基準を設けることとなる。つぎの二つの項である。

a1それぞれの職場に「仕事表」をはりだす。その職場の、正規労働者と非正規労働者を一枚の表に、おなじ基準で記す。

a2昇格の要件を明示する。具体的には、第3章で記した、かの関西の電機メーカーが実施してきたことの、あるいは九州の自動車関連企業が実施してきたことの、踏襲である。仕事表の表示を、さらに点数化する。易しい持ち場をレベル一で、すなわち安全におくれずこなすと一点、そのうえのレベルでこなせば二点、そうした持ち場を一のレベルでふたつこなせば二点、さらにやや難しい持ち場をレベル一でこなせば二点、そのレベル二、たとえば品質不具合検出ができれば三点……こういうふうに、こなせる持ち場の数、こなす難度におうじて点数をきめ、それをつみあげていく。関連の深いとなりの職場の経験にも、その範囲をひろげる。他方、昇格に必要な点数をそれぞれの資格につき明示することである。

この提案の要点は、すでに日本の職場でおこなわれてきたこと——そのなかですぐれた事例を、範例とするものである。どこかの国の教科書からの借りものではない。生産職場、流通職場、その他多くの産業の下中位職務には充分適用できる。すでにすくなくない実例の存在がそれをものがたる。日本でふつう意識されている非正規、正規の問題は、ほぼこれで解決できる。

入口の情報の大きな差

この提案の理由を説明しよう。なによりもまず企業の競争力、したがって一国の競争力に寄与し、雇用の安定に資する。失業者を少なくしよう。

a2であげたふたつの事例の方式を、第3章の記述にもどって思いおこしてほしい。電機の事例、特殊電球製造職場をとる。仕事は簡単ではないとはいうものの、製品設計ほどではない。サイクルタイムでいえば四〇分から五〇分くらいの作業であった。

それならば、職場の仕事をどのレベルでいくつこなすか、それを誤差少なく表示するのは、それほどむつかしくない。サイクルタイムが四〇〜五〇分ならば、もちろん少なくない非定常の作業をふくむだろう。だが、それについても、当然に誤差はありながら、大まかに表示はできよう。

ただし、ベテラン正社員の仕事はもっと高度で、サイクルタイムでいえば二、三時間にもおよんだ。だが、ベテラン正社員がさらに上位に昇格するには、高度な仕事であるがゆえに、明確な基準を明示するのはより面倒になる。仕事をよく知り、そのベテラン正社員の働きぶりをよく知る、上司の主観的な評価によるところ大となる。

こうしたベテラン正社員の仕事をすぐさまこなす人材ではないけれども、たとえば数年後にそれをこなす可能性の高い人材を見分けるには、どうしたらよいか。ここでの提案の要点は、その人をその職場のいわば入り口、あるいは必要技能が下位の仕事につけて、その仕事ぶりをやや長い時間かけて観察することこそ肝要、というにある。そして、その適性はかなり明確に判定できよう。下位の仕事であれば、くりかえしに近い作業が多く、しかも他とくらべて表示しやすいからである。

新卒採用方式とくらべると

この方式を、いまの日本の通念が推す新卒正社員採用方式とくらべてみる。新卒正社員方式は学校歴や学業の成績、また採用時の面接となる。それもわるくはない。だが、つぎの二点で大きな差がある。

第一、働く側の仕事についての情報量は、新卒採用方式にくらべ、非正規昇格方式がはるかに大きい。正社員採用まえに将来働く職場に毎日出勤する。自分にわりあてられた仕事は簡単でくりかえし作業が多くとも、それが職場の仕事のすべてではないことがわかる。その職場のベテランの存在、その役割の重みに気づく機会もある。その人が欠勤すると機械がとまりやすい。なかなか直らない、などである。そうした貴重な情報は新卒正社員採用方式ではまず得られない。

第二、採用側の候補者についての観察情報も、非正規昇格方式の方が格段に多くなる。応接室での面談や高校の成績にくらべ、日々の働きぶりが半年なり一年観察できる。その間の仕事ぶり、技能の向上も観察できる。新しいことをすすんで習おうとするか、なども観察できる。

この点は、非正規労働者個人にとっても、ひとつの重要なメリットとなろう。新卒採用では、配置される職場がはじめにおもい描いた仕事とはくい違うことも多かろう。それでは一年たらずの短期に離職するひとも多くなる。そうしたくい違いが非正規からの昇格者にはとぼしくなろう。そして昇格の声がかからなかった人は、やはり非正規として別の企業を受け、自分に多少ともあう職さがしがしやすい。いわゆる「ミスマッチ」は少なくなろう。

よくみられる識者の提案は、仕事内容の標準化である。だれが担当しても遅速の差はあれ出来ばえに違いない、という想定である。そうすればミスマッチもすくなくなろう、というのである。だが、それではくりかえし作業のみにおわり、いかに高能率の機械でカバーしようとも、高賃金国は国際競争でやぶれる可能性が高い。問題や変化を見逃したり、それをごく少数の人に頼むことになる。結局、品質不具合などが見逃され、設備不具合によるライン停止時間が相当に長くなる。その確率が高い。そのことを無視した見解と考える。

2　仕事表の働き

技能の向上を表示する

仕事表の働きは、下位中位職の技能のレベルとその向上を、なるべく簡明に表示する点にある。まず、非正規労働者につき、半年なり一年あるいはもっとながく、その仕事ぶりと技能、その向上度を、わりと誤差少なく表示する。誤差少なくとは、非正規労働者の仕事が職場の入り口で高い技能を要せず、いわばくりかえし作業が多いからである。非くりかえしの作業でもやさしいレベル「下」が多く、仕事表でかなり正確に表示できる。「下」の具体例はあとで記す。そのうえ、正社員と同じ表に記せば、比較基準として正社員の実績、とくに駆けだしの正社員とは比較しやすい。また、ベテランの正社員と非正規社員との差を、明瞭にしめすことができる。

その表示の仕方はすでに説明したが、あえて要点をくりかえせば、職場内での仕事経験のうち、どれとどれをこなせるか、いくつこなせるかをしめす。もちろん、こなすレベルもおおまかに表示する。訓練ずみか、ひとりでなんとかこなせるか、人に教えることができるほどか、などである。人に教えることができるとは、「深さ」のほんの一端である。

「深さ」とは、ごく一般的にいえば、くりかえし作業でない「非定常の作業」をこなすレベルである。わたくしはそれを「問題への対応」と「変化への対応」にわける。生産職場を念頭におくと、上中下の三レベルがあろう。これらの点を説明すれば、仕事表の第二の機能、仕事領域の拡大が導かれる。

仕事領域の拡大

仕事領域の拡大とは、その逆の「標準化」から語った方がわかりやすい。標準化とは、たとえば生産職場ならブルーカラーの担当作業を、くりかえし作業、あるいは、だれが担当しても遅速の差はあれ、仕事内容に個人差が生じない職務に限定する。

これにたいし「仕事領域の拡大」とは、個人の技能をさらにのばし、その個人差をまざまざとしめす仕事もブルーカラーにまかせるようになる。それは、すぐうえにふれた「深さ」すなわち非定常の作業を意味する。さきにそこに上中下の三つのレベルがある、とのべた。さしあたり「下」のレベルを説明しよう。

「下」のレベルとは、「問題への対応」を例にとれば、簡単な品質不具合の検出である。自動車の最終組立ラインをとって、もっとも簡単な具体例をいうなら、誤品欠品の検出である。その点はすでに何回も他で書いた(もっとも新しい文章をしめせば、小池[二〇一三]第四章三、四節が、その効果の推計までふくめて説明している)。それでこの本の第3章、生産職場をあつかったところでは説明しなかった。だが、この点の多少の説明なしには、ここでの主旨はご理解いただけまい。あえて、重ねて記す。

誤品とはあやまって別の部品を組みつけること、欠品とはつけるべき部品をつけなかったミスである。自動車の最終組立ラインの仕事とは、ふつう六〇秒単位で、二―三個ていどの部品を組みつける。部品Aの取り付けに三〇秒、部品Bに一五秒、部品Cに一五秒、というぐあいである。それなのに、どうしてこんな簡単なミスがおこるのか。

一本の生産ラインに同じカローラをながしていても、細かくみればおどろくほど多様な種類にわかれる。エンジンひとつとっても、わたくしが観察した一九九〇年代当時、七〇種類もあった。どうして多いのか。世界各地に輸出している。各地の規制が一様ではない。たとえば、同じアメリカでもカリフォルニアは排気ガス規制がきびしい。テキサス向けとは同じカローラのエンジンでも仕様が異なる。その他排気量などの種類も複数ある。エンジンだけの話ではない。トランスミッションをはじめ、部品の数は多い。それぞれに複数の種類がある。最後に車の色がある。これらの種類の数をかけあわせれば、膨大な種類となる。もちろん一台づつ伝票をつけても、どうしても誤品、欠品は生じる。

そのために検査担当者がいるではないか、とおもわれよう。実際、日本もふくめ先行国では生産ラインのところどころに、検査担当者がその検出にあたっている。だが、検査担当者のところにいくまでに、誤品、欠品のうえに他の部品がとりつけられ、見えにくくしている。たとえば、最終検査でエンジンをかけてみる。かからない。どこかに接続不良があるようだ。検査担当者はその車をラインから外し、直し専門のひとにまかす。かれはどこが接続不良かを知るために、分解する。かりに接続不良の箇所がみつかって、つけなおすのにやはりひろく分解しなければならない。そうしたことが多い。二、三時間もときにかかる、という。

これにたいし、日本の職場ではさらに職場内での検出がある。かりに誤品、欠品をおこした持ち場と同じ職場なら、ましてやとなりの持ち場のひとなら、うえに他の部品がまだ組みついていないから、またすぐ前の人がどの部品をつけるかも見当がついているので、はるかにみつけやすい。そこにかりに赤紙をはっておき、ラインのちょっとした切れ目で付け直す。二、三分ですむ、という。おこる頻度にもよるので、その効率効果ははっきりとはいえないけれど、とても数%ていどではすまない。

だが、こんな簡単なことでもそれなりの技能が必要なのだ。ベテラン職長の話では、誤品、欠品をおこした持ち場を、すくなくとも前に半年は経験していないと、無理という。自分も六〇秒でこなすべき作業があるので、一目でピンとこないと、検出はむずかしいという。それで仕事表では、品質不具合の検出ができると、一ランクうえのレベルの技能としているのだ。この話はとなりの持ち場にとどまらない。同じ職場内なら通用する。ひとつの職場に一五ほどの持ち場があるから、そのほとんどを半年づつ経験しても七、八年かかる。ここに経験の幅の意味がはじめて鮮明になる。経験の幅、すなわち職場内でいくつの持ち場をこなしたかは、技能の重要な内容なのだ。

「中」と「上」のレベル

このような詳述はここでとめ、「中」と「上」はごく短くふれるにとどめよう。「中」とは前の作業でやや組み付け不良があったため、あとの部品がうまく組み付けできない、その原因となった前の組み付け不良の指摘などである。それができるには、生産の流れ、仕事のしくみの理解が欠かせない。その理解、技能を形成する重要な方策のひとつが経験の幅を広げることなのだ。深さと幅はそれこそつよく関連している（小池・中馬・太田［二〇〇一］第二章参照）。

「上」とは、たとえば「パイロットチーム」の働きである。パイロットチームとは、経験一〇年余から選ばれて生産ラインの作業からはなれ、半年なり一年、新生産ラインの設計、構築に参加し発言する。さらに新モデルの設計にも意見を求められる（くわしくは小池［二〇〇八］参照）。設計などなにも習っていないブルーカラーが、いったいどうして有効な発言ができるのか、と疑問をもたれるかもしれない。新モデルの設計では、その構想設計の段階で三次元グラフの映像でしめす。それをみて検討し、このような設計では組立しにくい。たとえば組立の手が入りにくい、できたらこう変えてくれと提案する。

新モデルを生産する新生産ラインの設計となれば、たんなる発言者ではなく、その業務に日々参加する。もちろん主体は技術者なのだが、機械を操作し、製造の経験豊富なのはブルーカラーなのだ。その知恵を発揮する。機械の選択、配置にも発言し、職務の編成の主役となり、職場の仲間に新しい職務をこなす要点を教える。また、実際に新ラインを使って試作しながら手直しする、などである。そうしたことをこなすのが、ベテラン正社員の高度な技能なのだ。

欧米と対比すると

なぜこうした作業をあえて仕事領域の拡大として強調するのか。その理由を明示するには、先行国、西欧やアメリカの職場の慣行をみるほかない。なかでももっとも徹底して日本職場の傾向と逆なのは、アメリカである。生産職場では、労働組合があれば、査定は一切拒否される。つまり、職場内の上位の職への昇進はまったく勤続順、すなわち先任権による。西欧は、わたくしが職場を回ったかぎりでは、先任権はまずないか、あってもそれほどつよくないけれど、とにかく査定はあまりみられない。具体的には、いまついている持ち場、すなわち職務ごとに明確な一本の賃金率がある。おなじ持ち場についているかぎり、昇給はまずない。つまり査定はないのだ。

査定がないとは、逆にいえば、個人の技能差があまりみられない、標準化された作業に、ブルーカラーの仕事領域を限定する傾向となろう。非定常な仕事を処理するのは技術者や技術員などホワイトカラーとなる。それもセクレタリークラスではない。技術者や、やや高度な仕事をこなす技術員となろう。事務畑でも同様であろう。こうしたホワイトカラーには、わたくしの知るかぎり、アメリカであれ西欧であれ、査定がある。同じ仕事についていても、昇給があり、それは査定つきである。仕事ごとの賃率ではない。つまり、仕事内容が標準化されようがなく、個人差がどうしてもでる。具体的には、うえで描いた非定常な仕事をかなり取り込んでいるのである。ただ、それがホワイトカラーにほぼ限られているのが、日本の職場との、もっとも重要な差異となる。

査定の恣意性を制限する

これにたいし、査定をブルーカラーに入れても、職場の不満がそれほど高まらない方式、それを日本の職場がブルーカラーの技能上位半分層に適用している。その具体的な方策が、仕事表の第三の重要な働きである。

なるほど仕事表に書き入れるのは職長である。非定常な作業まで担当してもらえば、どうしても評価に主観性がはいる。恣意性の可能性を排除できない。しかしながら、職場にはりだしてある。いつも一緒にはたらく職場のメンバーの目にさらされる。職場の実際の慣行とあまりくい違うことは、職長も書きにくい。恣意性が多少とも制限されよう。

そのため、評価に主観性を要する領域でも、ブルーカラーにもたのむことができるようになった。すなわち仕事領域の拡大が可能となった。わりと面倒な仕事、高度な仕事、あるいはいまついている持ち場だけでなく、それまでの経験を評価する方式をとり、仕事の幅と深さをあるていど必要とする範囲まで、仕事を広げた。それというのも、仕事表を職場にはりだし、その実際の仕事を評価する査定をいれることができるようになったからである。

具体的には、同じ持ち場でもそれまでの経験の幅と深さにおうじて賃金がたかまる。その結果、問題処理まで仕事領域を拡大する。これをわたくしは一九八〇年代初めから「ブルーカラーのホワイトカラー化」とよんだ。それが職場の中堅層を厚くし、競争力の重要な基盤となった、と考えている。

正社員にも

すでに話は、非正規労働にとどまらない。いわゆる正社員ブルーカラーにおよぶ。いや、よりつよくひびく。技能のレベル、その向上の評価、そして仕事領域の拡大、査定を導入したうえで、その恣意性のあるていどの制限である。

ではうえのことにたいし、労働組合はなにも寄与できないのか。そうした疑問がだされよう。いま査定に焦点をおいて吟味する。さきに西欧、アメリカはことブルーカラーにたいし、労働組合は査定拒否という方策をとってきた、と記した。その結果、仕事領域はその技能をのびのびと伸ばすかわりに、狭い領域、標準化できる領域に限定する傾向を生んだ。それは、さきにも指摘したように、とりもなおさず一国経済の競争力をよわめる。

ではいったい、労働組合はこの問題になにもできないのか。査定の恣意性へのチェックはまずむつかしい。そのことをもっともよく知らせたのは、敗戦後の日本の経験であろう。先ほど来、日本の職場では、ブルーカラーでも正社員であれば査定がある、と記してきた。しかも労働組合かなりふくんで出現し、大いに活動した。その労働組合は査定をチェックできなかったのであろうか。

があるばあいでも、そうであった。敗戦前でも少数ながら労働組合は存在してきた（小池［二〇一二］第三部参照）。敗戦後は一挙に西欧、アメリカをうわまわる労働組合がホワイトカラーをかなりふくんで出現し、大いに活動した。その労働組合は査定をチェックできなかったのであろうか。

できなかった。たしかに労働組合は査定に発言した。わたくしは一九五〇年代後半という時点で、さいわいにも当時活発に活動していたとみられる労働組合を、それぞれ複数回、あわせてかなりの時間尋ねた。当時の事業所や企業レベルの労働組合役員たちは、こもごも語るのである。査定にたいし、組合の職場委員たちはたしかにその恣意性をチェックしていた。しかし、そのチェックがいかに難しいかを、例外なく語るのであった。

不当な査定であると主張する明示的な根拠がなかなか見つからない、それが悩みであった。出勤率ていどならよいけれど、非定常的な「問題」や「変化」への対応をどのていどこなしたか、それをしめす明瞭な指標はみつからないのであった。さきにも記したように、難度五の問題はふつう週五回起こる。それを三回こなしたから、技能レベルはA、などという基準は、なかなかみつからない。それゆえ「非定常 non-routine」あるいは「不確実 uncertainty」というのである。

では、査定のある西欧やアメリカのホワイトカラーのばあい、もし組合があればどうしていたか。統計上の根拠はない。わたくしがさまざまな欧米の国のホワイトカラー職場をまわったかぎりでは、まずアメリカにはホワイトカラーにほぼ労働組合はない。したがって、査定者の主観によるほかない。ホワイトカラーにも労働組合のある西欧の国でも、査定に発言しない、それがわたくしの観察結果であった。たとえばイギリスやスウェーデンはホワイトカラーにわりと労働組合があるのだが、査定への発言を観察できたことはない。

この問題にたいする日本の通常の議論は、さきにもふれたように、仕事内容を標準化せよ、ということにつきるようだ。だが、それでは非定常の問題の処理をごく一部の少人数のメンバーに委任することになる。もし非定常の問題や変化の発生頻度が、日本とあまりかわらないとすれば、それをこなす人数が、標準化方式でははるかに少なくなる。その他の条件が一定なら、競争力が劣り、結局、その企業ひいては一国の雇用にマイナスとなる。それを覚悟せねばなるまい。

しかしながら、なにもホワイトカラーにかぎらず中堅層の上位職以上に関しては、仕事表方式では査定の主観性を多少とも制限することはむつかしい。というより、そもそも仕事表方式の適用は無理となる。なぜか。そのすっきりしない説明が次節のテーマである。

3　中堅上位層や技術者に仕事表は適さない

正社員の評価には主観性がのこる

ブルーカラーでも、パイロットチームのような上位の仕事をこなすベテラン正社員の高度な技能は、仕事表による評価はむつかしい。職場の下位の仕事、せいぜい中位の仕事とは異なり、非定常な部分、それも面倒な作業が時間の大半をしめるからである。

評価をすっきり算出するには、その基準をかなり明確にきめておかねばならない。たとえば難度五の設備不具合の問題はふつう月四回ほどおこるとする。かれはそれを三回こなしたから、Aの評価になる、という方式が確立していなければなるまい。ところが、中級以上の問題は、その性質、したがって難度、さらに発生頻度もあらかじめ充分にはわかっていない。それでは業績を評価する明白な基準ができない。ましてそうした難度の仕事が、担当する仕事の大半をしめるばあいは、仕事表の適用はまず無理であろう。実際、わたくしはホワイトカラー職場で仕事表をみたことがない。日本の事例でもない。

結局、その評価は見る目のあるひとの、いわば主観的な判定によるほかないだろう。主観である以上、あいまいさが残る。評価者の恣意性がのこる。そのあいまいさ、それによる労使紛争や職場の不満はのこる。

その弊害をいかにしてすくなくするか。弊害を無にするのは無理として、その弊害を少なくするにはどうしたらよいか。中下級の仕事なら、その点でも仕事表の意味があった。すなわち、うえにみた仕事表の第三の機能である。だが、より高度な仕事には無理であろう。

より高度な人材には無理か

設計技術者などの大いに高度な技能の持ち主については、この仕事表方式は、わたくしのみるかぎり働かない。こうした高度な仕事はほとんどが非定常の作業であり、それも多くがいわば「上」あるいは「極上」のレベルである。簡単化しても表示はむつかしい。また、内容も多様で、例示だけではそのおもな要素、主要な部分もおさえられまい。その点は、かつて一九八〇年代技術者の作業を、日本、東南アジアの職場で観察しようとしたときの痛切な思いがある。あまりの複雑さに調査を断念した。実際、さきにもふれたように、いわゆる大卒ホワイトカラーの職場でこうした仕事表をみたことは、日本の企業でもない。そうした制約つきでも、なにかなし得ることはないだろうか。一見唐突のようだが、それは労働組合の発言である。

労働組合の発言につき、すでにのべた。主観的な評価の恣意性の是正への無力である。では、まったく労働組合には期待できないのであろうか。

4　労働組合の役割

大枠を協議する

上位職や技術者などの仕事にたいし、すべて経営側の専制にまかせてよいのであろうか。もちろんすぐれた専制者もあろう。だが、その出現の確率は低かろう。査定者や管理者の恣意性や専制を、多少ともチェックする方策はないものであろうか。

それは一見唐突の提案にみえようが、労働組合に期待するほかない。そういえば、明白にふたつの疑問がつきつけられよう。ひとつは、組合の範囲である。今の範囲をひろげないと、非組合員ゆえにその問題をとり上げることができなくなる。組合員の範囲を上方に拡大することだ。他は、その拡大した労働組合の方策である。いったいどうすればよいのであろうか。後者から語ろう。その方がわかりやすかろう。

それは、それらのひとの仕事の外側の条件、いわばおけのたがにあたる条件を、労働組合がきちんと交渉することである。例をあげないとご理解いただけまい。製造業であれば、その事業所や部門の、月の生産計画を協議する。その生産計画を達成するために必要な人員が、現状でよいか、それともどの職種を何人増員しなければならないか。あるいは、その生産計画達成のため、資材を仕入れる部品メーカーの技術レベルの改善がどうしても必要だ、という要望の発言である（そのほかの例、またそれへの考察については、小池［二〇一五b］があげている。とくにその（1）の文章参照）。

研究者職場であれば、プロジェクトのテーマ、その選択、予算、プロジェクトチームの人員、メンバーの交渉である。わたくしの昔の事例観察から、例を語ろう。一九八〇年代関西に勤務していた折、関西の大電機メーカーの中央研究所労働組合を複数回おとずれ、いろいろ話を伺ったことがある。熱心な組合役員たちであった。もちろん研究員である。組合運動も活発であった。その点は話だけでなく、その発行する組合新聞のバックナンバーをみても歴然としていた。その中央研究所支部の労働組合の関心、協議内容を聞けば聞くほど、まことに研究プロジェクトの選択、それへの予算の増額ないし配分に集中するのであった。もちろん、人の配置もふくむが、それを大枠の条件とここではいう。

その大枠の中でできるだけ自由に仕事させてくれ、というのが組合の主張であった。わたくしにはそうおもわれた（小池［一九八五］参照）。その傍証、というより端的なあらわれは、その組合支部、いや他の企業の研究所組合支部も含めて、電機連合の方針にたいするつよい要望であった。当時、電機連合は、他の産業別労働組合とともに、労働時間の制限を真剣に目指していた。具体的には水曜日には残業なし、の活動をつよくすすめていた。この中央研究所支部はそれだけはやめてくれ、というのであった。他企業の研究所の労働組合支部もそうであった。残業なしでは研究に支障がでる。それでは学会発表にまにあわない。仕事がすすまない、というのであった。

西欧やアメリカなど他の先行国ではどうなのか。まったくそうした問題はおこらない。研究員には残業手当はもともと一切でないからである。といって所定時間で帰るというのではまったくない。おおいに残業している。ときに家に仕事を持ち帰る。その点は大学の研究者とおなじであった。日本も大学は研究者に残業手当はもちろんない。当時もいまもない。実際の労働時間は、わたくしの見聞では、どの国でもはなはだながい。

こうした仕事なら、その細かい条件を規制するのは無理であろう。いわばその大枠、それをささえる条件を協議するのである。

組織を広げる

それには労働組合の拡大が欠かせない。いわゆる高度な仕事をになうホワイトカラーにも労働組合をひろげていく。その範囲が最も狭いアメリカのみ見ては、事がすすまない。その先例はある。西欧、北欧の慣行である。アメリカだけ見るのではなく、西欧、北欧、その他地域の慣行にも目をむけるべきであろう。

それには資金が欠かせない。それをとりあつかう人材、すなわち企業、事業所、そうじて働く場での専従者役員が必要である。先例をよく知り、他企業の相場をもよく承知した専従者が肝要である。それには専従者のサラリーの支払いが必須である。いや、カネとともにその機能を担う人材の形成、確保である。

カネをうけもつのは先行国では、大半企業である。まず、わたくしのみるところ、西欧や北欧では、企業が事実上の企業レベル、事業所レベルの労働組合ないし労働者組織の専従者のサラリー全額をはらい、そして役員たちは全日組合活動に時間をついやしている。アメリカも実際は、全員ではないにしても、かなりの事業所レベルの組合役員に賃金を企業がはらっている（イギリスについては小池［二〇〇九］第五章。なおそこにはスウェーデンの事例も短く記してある。西ドイツについては、小池［一九七八a］、また小池［一九七八b］が資料とともに事実を指摘している。なお、アメリカは小池［一九七七］を参照されたい。ほかにも文献は少なくなく、その一部をあげたにすぎない）。そうじて、日本においても、企業レベルや事業所レベルの労働者組織の世話をする専従者の確保、すなわち賃金、サラリーを企業が負担することを提案したい。先行国相場にしたがうにすぎない。

それは企業にとって、けっして空費ではない。企業の労働者組織は、相当に知恵をもっており、それなりの待遇をすれば、その知恵をだしてくれる。それは企業の業績への貴重な貢献となり、ひるがえって雇用の安定として、働く側にもプラスをもたらすであろう。

そうした知恵のある人材、将来知恵をもつ人材の選別のために、非正規労働者制度はなかなか働くであろう。それをなくそうとすれば、かえって働く側にマイナスとなろう。その制度の弊害がもちろんないわけではない。その弊害をすくなくして、活用することこそ、と考える。

これにたいする障害は、おそらくはふたつのつよい既成観念であろう。日本は企業別労働組合だから、そうでなくとも企業に埋没しやすい。現に企業、事業所ごとに、労働組合役員は存在するし、企業、事業所ごとに経営側と協議しているではないか。そもそも企業が労働組合役員へサラリーをはらうのを、労働組合法が禁じている。自主独立の労働組合が経営側から財政援助を受けては、その独立性がうしなわれる、という既成観念である。

他は、西欧、アメリカの組合は横断組織で、自前のカネで組織を運営している。これこそ本物の労働組合だ、という既成観念であろう。だが、わたくしが観察したかぎり、どちらも西欧やアメリカの実際の慣行とは異なる。

カネの問題のような立ち入りにくい事柄は、なかなか文献にはならない。まして統計資料のあるはずがない。見て回るほかない。わたくしが回った限りでは、西欧北欧、それにアメリカでも、ある規模以上であれば、企業や事業所レベルに専従役員がいる。そうでなければ労働組合は仕事できない。そして、そのサラリーはほぼ企業がはらっている。それはドイツのように法律的には労働組合とは別の、経営参加の組織の役員としてであれ、スウェーデンやイギリスのようにまさに労働組合の基礎組織の役員であれ、いずれをとわない。

ということは、西欧、アメリカは産業別組合一本に見えても、ほとんどかならずその基礎として、企業や事業所レベルに労働組合員組織や従業員組織がある。その点でも第一の既成観念はあたらない。

いいかえれば、日本の職場にはたらくひとは、西欧、アメリカにくらべ、その労働組合費は先行国相場を上回る、その意味で余計な負担をおわされているのだ。それが労働組合の組織率を、北欧はもちろん西欧よりも一段とさげているのである。

新興国への波及

これまで述べてきた慣行は、案外に先行国の慣行をふまえながら、日本の工夫もあった。ホワイトカラーと共働する工夫である。その日本の工夫の、他国とりわけいわゆる新興国への波及はありそうか。

共働のひとつの基盤、ブルーカラーへの定期昇給と査定は、すでにさきにみた事例では、タイにとどまらずイギリスにもみられた。ここでは触れる余裕はないけれど、新興国ではインドの地元大企業の事例でもみられた。また、ホワイトカラー層への労働組合の拡大もないではない。

のこるはふたつの関門である。ひとつはホワイトカラーないし高学歴者と生産職場の中堅層との共働の核心、仕事の面での共働の可能性である。その可能性は残念ながらまだわからない。よい事例調査を寡聞にして知らない。しかしながら、新興国のブルーカラー層の学歴は急激に向上しつつある。それならば、方向としてはその可能性を導くもので、逆のものではないだろう。その新方向にむかった企業があらわれるなら、その業績への関心も高まろう。

のこる関門は企業のオーナーの問題である。歴代のオーナーが大企業を握っているかぎり、それは共働化の方向を阻む最大の障害であろう。働く人は工夫しても、それはオーナーのふところを暖かくするにすぎず、自分たちのところにまわってこない。そう考えるのがふつうであろう。それをなんとか変革する必要があろう。

日本は第二次大戦の敗戦、米占領軍によって、大企業のオーナーの多くが追放され、その結果オーナーの圧力が極度に減少した、といわれる。たしかにそのことは大きい。だが、職場での生産の工夫などは、またその基盤ともなるブルーカラー賃金の多少のホワイトカラー化は、ていどは低くともすでに一九二〇年代から認められる。

新興国にたいして参考になることがあるとすれば、その日本の一九二〇年代からの職場の歴史、職場の工夫であろうか。それを格段に高めた戦後の日本企業の実績であろう。

さらに、いままさに職場の工夫をとり入れた企業が市場競争で優勢になっていくという傾向、その認識であろう。その起点として、海外日本企業が考えられる。そこには多くオーナー家族がいない。その海外日本企業の実績が海外のその地でのびていけば、そのきっかけとなることができるかもしれない。

非正規労働者、正規労働者問題をこえて、話が大きくなりすぎた。ここで擱筆するほかあるまい。

注

序　章　非正規労働を考えるために

(1) 戦前には商店の丁稚奉公、その後の独立、職人には弟子入り、その後の独立、農家での手伝いなどがあった。戦前は子供も多く、長子相続制であったことを忘れてはならない。しかも、兵役もあって、新卒即入職、ましてや正社員とはいえないばあいが多かった。

(2) その点についてのおもな実証研究は小池［二〇〇五］一四三―一四七頁が紹介している。

第1章　社外工と臨時工

(1) 旧制一高卒の東大教授（福武も隅谷も一高卒）が、大企業の社長をつとめる旧制一高の同級生に直接話をもちかける、という過程かとおもわれる。それが、この時代これほどの一次資料の活用を可能としたのであろう。

(2) なお、わたくしはこの造船業調査には参加していない。おなじく東大社研の「労働組合の構造と機能」調査の方に加わった。

第2章　アメリカの非正規、正規労働者

(1) 周知のようにアメリカの司法試験は州ごとだが、カリフォルニア州を例にとれば、一九九〇年ごろスタンフォードやバークレイ、またカリフォルニア大学・ロスアンジェルス校ロースクール出身者なら、卒業後一年以内に合格するのがふつうと聞いた。

（2）情報産業ＩＴのソフトウエアエンジニアＳＥの非正規、正規労働者については、Bidwell［2009］などの文献がある。だが、それをここでとりあげなかったのは、つぎの理由による。

第一、非正規 contingent worker または contractor と正規 regular worker の仕事の異同につき、観察があさい。チームリーダーや analyst と、それ以外にわけるにとどまる。チームリーダーはほぼふつうの言いかたでは、生産職場なら班長、analyst とは顧客と相談する人らしい。それでは、中村圭介［一九九〇］など日本の分析よりはるかにあさく、仕事の異同をみるには足りない、といわざるをえない。ところが skill が大差ないのに、この区別があるのを、つぎのように説明する。課長が都合のよいように仕事を割り当てるからだ、というのである。他方、ビジネスの知識をとくに必要としない仕事に、非正規をわりあてるという。この「ビジネス」とはおそらく顧客の業種とおもわれるが、いずれにしても、ソフトの設計が対象とするビジネスの流れを知らずによい仕事はできない。そのていどの浅い観察で、正規、非正規の技能は同じようだ、と認定している。しかも、正規社員はその企業の〝crucial〟な仕事――企業にとってより大事な仕事――を担当し、他方非正規はそうではない、と矛盾したことをいう。第二、サラリーやコストの面をまったくみていない。第三、昇格の有無もまったく検討していない。それでは非正規労働者制度の要点を検討しているとは、とうていいえまい。それでここでとりあげなかった。

第3章　製造業の生産職場

（1）なお、余計なことかもしれないが、村松久良光氏は数学につよいひとで、日本の初期の計量経済学のトップのひとりであった。そのことは数十年ともに仕事を経験したわたくしには、よくわかる。にもかかわらず、職場での観察と聞きとりを、この調査では地道ながら優先したのである。問題にふさわしい方法をえらんだ。

第4章　三次産業の非正規労働者

（1）「年間賞与その他特別給与」は、この政府統計では、ざっとその半分ほどが前年の数値による。しかしながら、その点はここでの目的の障害にはなるまい。というのは、同一時点での勤続による差をみるのが目的だからである。さらに、当時、賃金や年間賞与などの年次変動額は小さいとみられるからである。

（2）脇坂［二〇一二］のいう「短時間正社員」は介護、育児以外の理由での「短時間正社員」もいう。だが、それはわたくしには納得的ではない。高度な仕事を長期間短時間で通すことができるのであろうか。他国の高度な仕事担当者の壮烈な仕事ぶりをみてきたものとして、それはあまり考えられない。そうした国の企業は国際競争でやぶれ、多い失業という代価をはらわざるを得ないのではないだろうか（小池［二〇一五a］）。

第5章　設計技術者

（1）岸［二〇〇五］はメイテックの事例研究であるけれど、ソフトウエアの技術者を中心にしており、また、派遣先の正社員との仕事の分業はほとんどみてなく、ここではとりあげなかった。

（2）二〇―二四歳層の年間賞与などが少なすぎる、とおもわれるかもしれない。「きまって支給する給与」のわずか一・五倍だからである。だが、周知のように、入社一年目の賞与はすくないのが通例である。他の年齢層は三ないし四か月分で、この数値をもちいて大過あるまい。

索　引

ア　行

カ　行

サ　行

タ　行

ナ　行

ハ　行

マ　行

ヤ　行

ラ・ワ行

欧　字

文　献

猪木武徳［1989］「法律職の市場構造について――専門職の「内部化」の二つの流れ」『日本労働協会雑誌』355，2-13頁。

小川健［2000］「飲食店におけるパートタイム労働者の人員配置と育成方法について」（法政大学大学院経営学修士課程学期末論文，未公刊）。

金子美雄［1972］『賃金――その過去・現在・未来』日本労働協会，326頁。

岸幸弘［2005］「ソフトウエア業界における派遣の実態とキャリアマネジメントの研究――メイテックの事例」『法政大学大学院経営学専攻，企業家養成・国際経営コース研究成果集』1-52頁，法政大学。

小池和男［1977］『職場の労働組合と参加――労資関係の日米比較』東洋経済新報社，262頁。

同［1978a］『労働者の経営参加――西欧の経験と日本』日本評論社，227頁。

同［1978b］「西ドイツにおける職場の労使関係」，隅谷三喜男編著『労使関係の国際比較』東京大学出版会，61-90頁。

同［1981］「ホワイトカラー化した組合モデル」『日本労働協会雑誌』271，2-11頁。

同［1985］「電機産業――ホワイトカラーの増大と経営参加」，隅谷三喜男編『技術革新と労使関係』日本労働協会，209-241頁。

同［1994］『日本の雇用システム――その普遍性と強み』東洋経済新報社，259頁。

同［1997］『日本企業の人材形成――不確実性に対処するためのノウハウ』中公新書，中央公論社，174頁。

同［2005］『仕事の経済学　第3版』東洋経済新報社，342頁。

同［2008］『海外日本企業の人材形成』東洋経済新報社，294頁。

同［2009］『日本産業社会の「神話」――経済自虐史観をただす』日本経済新聞出版社，278頁。

同［2012］『高品質日本の起源――発言する職場はこうして生まれた』日本経済新聞出版社，395頁。

同［2013］『強い現場の誕生――トヨタ争議が生みだした共働の論理』日本経済新聞出版社，287頁。

同［2015a］『なぜ日本企業は強みを捨てるのか――長期の競争 vs. 短期の競

争』日本経済新聞出版社，279 頁。

同［2015b］「労働者の企業経営・生産への発言――戦後労働史その 2（1）（2）（3）」『経営志林』51-4，65-94 頁；52-1，59-83 頁；52-2，47-77 頁。

同［2015c］『戦後労働史からみた賃金――海外日本企業が生き抜く賃金とは』東洋経済新報社，185 頁。

小池和男，中馬宏之，太田聰一［2001］『もの造りの技能――自動車産業の職場で』東洋経済新報社，346 頁。

郷野晶子［2007］「アメリカの労働組合――産業別組合本部とローカル」，小池和男編『国際化と人材開発』ナカニシヤ出版，197-235 頁。

小嶌典明［2014］『労働法の「常識」は現場の「非常識」――程良い規制を求めて』中央経済社，201 頁。

佐藤博樹，佐野嘉秀他［2005a］『設計部門における外部人材活用の現状と課題――“多様な人材の活用と製品設計の効率化に関する調査”の分析から』東京大学社会科学研究所人材ビジネス研究寄付部門研究シリーズ，No. 3，167 頁。

同［2005b］『製品設計分野における技術者派遣企業のキャリア管理』東京大学社会科学研究所人材ビジネス研究寄付部門研究シリーズ，No. 5，129 頁。

同［2008］『製品設計分野における技術者派遣企業のキャリア管理（2）――技術者個人アンケート調査から』東京大学社会科学研究所人材ビジネス研究寄付部門研究シリーズ，No. 13，202 頁。

佐藤博樹他［2009］『派遣という働き方を通じたキャリア形成――事務職，コールセンター・オペレーター，技術者，営業職』東京大学社会科学研究所人材ビジネス研究寄付部門研究シリーズ，No. 14，207 頁。

佐野嘉秀他［2008］『設計部門における外部人材活用の現状と課題（2）――事例調査編』東京大学社会科学研究所人材ビジネス研究寄付部門研究シリーズ，No. 12，102 頁。

高梨昌［1959］「製鈑工場の職場懇談会――M 鋼管会社 T 製鉄所」，大河内一男他『労働組合の構造と機能』東京大学出版会，149-241 頁。

同［1967］『日本鉄鋼業の労使関係――団体交渉下の賃金決定』東京大学出版会，362 頁。

高橋康二［2009］「派遣技術者の雇用形態と派遣先貢献意欲の規定要因」，佐藤博樹他［2009］，101-116 頁。

田中博秀［1982］「日本的雇用慣行を築いた人達――元トヨタ自動車工業専務取締役山本恵明氏にきく」（1）『日本労働協会雑誌』280，7 月号，38-55 頁；（2）281，8 月号，64-81 頁；（3）282，9 月号，25-41 頁。

中部産業・労働政策研究会（村松調査）[2003]『ものづくりの伝承と中期的な労務政策』中部産業・労働政策研究会，190 頁。（おもな執筆者，村松久良光）

同（山本調査）[2004]『労働力多様化の中での新しい働き方――非典型労働力との共生』中部産業・労働政策研究会，200 頁。（おもな執筆者，山本郁郎）

鉄鋼労連『鉄鋼労働ハンドブック』鉄鋼労連（各年）。

電機連合総合研究企画室［2007］『製造現場監督者をとりまく環境変化と現場パフォーマンスに関する研究』電機連合総合研究報告書シリーズ No. 11，電機連合，217 頁。

東京大学社会科学研究所［1950］『戦後労働組合の実態』日本評論社，388 頁。別に附表編。

同［1960］『造船業における技術革新と労務管理』東京大学社会科学研究所，274 頁
同［1963］『造船業における社外企業の性格と諸類型』東京大学社会科学研究所，117 頁
同［1965］『造船業における労働市場と賃金』東京大学社会科学研究所，246 頁。

東京都産業労働局［2002］『フリーターは日本の人材育成を損なうか』東京都労働局産業政策調査研究課，75 頁。

中村圭介［1990］「ソフトウェア産業の概要と分業構造」，「ソフトウェア開発と生産管理」，戸塚秀夫，中村圭介，梅澤隆『日本のソフトウエア産業――経営と技術者』東京大学出版会，11–89 頁。

中村恵［1989］「技能という視点からみたパートタイム労働問題」，労働省大阪婦人少年室，大阪パートタイム労働・労務管理研究会『技能という視点からみたパートタイム労働問題についての研究』大阪婦人少年室，75 頁。『神戸学院経済学論集』37（2006）49–92 頁に再録。

同［1990］「パートタイム労働」『日本労働研究雑誌』364，40–41 頁。

久本憲夫［1997］「労使関係」，石田光男，藤村博之，久本憲夫，松村文人『日本のリーン生産方式――自動車企業の事例』中央経済社，269–359 頁。

本田一成［2002］『チェーンストアの人材開発――日本と西欧』千倉書房，305 頁。

同［2007］『チェーンストアのパートタイマー――基幹化と新しい労使関係』白桃書房，213 頁。

松浦秀明［1981］『米国さらりーまん事情』東洋経済新報社，274 頁。

脇坂明［1990］『会社型女性――昇進のネックとライフコース』同文舘出版，

196 頁。
同［1998］『職場類型と女性のキャリア形成　増補版』御茶の水書房，234 頁。
同［2011］『労働経済学入門――新しい働き方の実現を目指して』日本評論社，186 頁。
Bidwell, Matthew［2009］"Do Peripheral Workers Do Peripheral Work? Comparing the Use of Highly Skilled Contractors and Regular Employees," *Industrial and Labor Relations Review*, 62-2, Jan., pp. 200-225.
Ellis, Charles D.［2008］*The Partnership : The Making of Goldman Sachs*, Penguin Press, p. 729.（斎藤聖美訳［2010］『ゴールドマン・サックス――王国の光と影』日本経済新聞出版社，上 514 頁，下 508 頁。）
Koike, Kazuo［1988］*Understanding Industrial Relations in Modern Japan*, Macmillan, p. 306.
Reder, Melvin W.［1955］"The Theory of Occupational Wage Differentials," *American Economic Review*, Dec., pp. 833-852.
Smith, Greg［2012］*Why I Left Goldman Sachs : A Wall Street Story*, Grand Central Publishing.（徳川家広訳［2012］『訣別　ゴールドマン・サックス』講談社，453 頁。）

《著者略歴》

小池《こいけ》 和男《かずお》

1932 年生まれ。東京大学大学院経済学研究科博士課程修了。東京大学助手，名古屋大学教授，京都大学経済研究所所長，法政大学教授，スタンフォード大学ビジネススクール客員教授などを歴任。現在，法政大学名誉教授，名古屋大学特別教授。

主な著書

『日本の賃金交渉』（東京大学出版会，1962 年）
『職場の労働組合と参加』（エコノミスト賞，東洋経済新報社，1977 年）
『仕事の経済学　第 3 版』（東洋経済新報社，2005 年）
『海外日本企業の人材形成』（東洋経済新報社，2008 年）
『日本産業社会の「神話」』（読売・吉野作造賞，日本経済新聞出版社，2009 年）
『高品質日本の起源』（日経・経済図書文化賞，日本経済新聞出版社，2012 年）
『強い現場の誕生』（日本経済新聞出版社，2013 年）
『戦後労働史からみた賃金』（東洋経済新報社，2015 年）他

「非正規労働」を考える

2016 年 5 月 30 日　初版第 1 刷発行

定価はカバーに
表示しています

著　者　小　池　和　男
発行者　石　井　三　記

発行所　一般財団法人 名古屋大学出版会
〒 464-0814　名古屋市千種区不老町 1 名古屋大学構内
電話(052)781-5027/ FAX(052)781-0697

印刷・製本　亜細亜印刷㈱　ISBN978-4-8158-0838-9

乱丁・落丁はお取替えいたします。